〈レンタルなんもしない人〉というサービスをはじめます。

スペックゼロでお金と仕事と人間関係をめぐって考えたこと

レンタルなんもしない人

〈レンタルなんもしない人〉というサービスをはじめます。

スペックゼロでお金と仕事と人間関係をめぐって考えたこと

はじめに

『レンタルなんもしない人』というサービスを始めます。1人で入りにくい店、ゲームの人数あわせ、花見の場所とりなど、ただ1人分の人間の存在だけが必要なシーンでご利用ください。国分寺駅からの交通費と飲食代だけ（かかれば）もらいます。ごく簡単なうけこたえ以外なんもできかねます。

この告知文で始まった「レンタルなんもしない人」という活動。告知前は300人くらいだったフォロワー数が、約10ヶ月経ったころには10万人を超えていた。フォロワーが増えるにつれ依頼の数も増え、いまは1日3件ずつの依頼がほぼ休みなしで毎日続いている。

当人としての素朴な感想は「すげえ！　なんじゃこれ！　なんで⁉　どうなってんの⁉　どういうこと⁉」である。ちょっと面白いかなと思って始めたのはたしかではあるものの、書籍化とか、漫画化とか、テレビ取材とか、そんな規模にまでなるとは思っておらず、ひたすら驚いていて、その驚きを表には出さないように淡々と振る舞っていると今度は「オーラがある」などと有名人扱いを受け、そこでまた驚いている。

「なんで⁉　どうなってんの⁉　どういうこと⁉」ということ、読者のみなさんも（当人の僕ほどではないかもしれないが）ちょっと思わないでしょうか。少なくとも、最初の告知文からここまでの反響を想像できた人は、僕ふくめてほぼ誰もいなかったはず。だって「なんもしない人」である。会社で、家庭で、バーベキューで、よく怒られるやつである。そんな存在があえて「求められている」という現実をどう受け止めたらいいのか。

そういった驚きと混乱を伴った疑問に対して、なんらかの答えを出そうとしたのがこの本である。ただ、混乱のさなかにいる自分の頭だけで考えて答えようとしても、やや主観的に過ぎるというか、ほかの人たちから見て納得感のあるものが生まれづらいんじゃないかと思われたので、ライターのSさん、編集者のTさんから僕へ質問をしてもらい、僕がそれに対して一個一個「ごく簡単なうけこたえ」をすることで答えに迫ろうという試みをおこなった。文章化も、別に僕の活動を支持しているわけでもなくわりとフラットな立ち位置にいるSさんがおこなうことで「レンタルなんもしない人」のことをあんまりよく知らない人が読んでも、ある程度普遍性をまとった知見が得られる（かもしれない）読み物になっている（かもしれない）。

などのことを言い訳にしながら、僕は相変わらずなんもしていない。なんもしないで本が一冊出来上がっていくこと自体を面白がりつつ、また驚きをもって傍観している。

もくじ

1　なんもしない

ミッションは、ただ一人分の存在を差し出すこと

✉現在スタバで売られている、ほうじ茶フラペチーノを一口だけ飲んでみたいんです。甘いものが好きなのですが、ほうじ茶はそれほど甘くないと聞き、でも一度は飲んでみたい。けど全部は飲み切れる気がしないのでシェアしていただけないでしょうか。残すのは嫌なんです。

✎昨日はこういう、地味だけど情緒と切実さのある、探偵ナイトスクープの3つ目の依頼みたいな依頼があって良かったです。「雨の日は億劫《おっくう》なので晴れている平日の昼間で」と日時指定も人間味にあふれ、結局めっちゃ雨降ってたのもふくめ良かった。

なぜ僕は「レンタルなんもしない人」というサービスを始めようと思ったのか。

一つのきっかけといえそうなのは、心理カウンセラーの心屋仁之助さんがご自身のブログで提唱されていた「存在給」という概念かもしれない。もっとも、その「存在給」という概念に僕が行き当たったのは僕の妻のおかげというか、僕の妻が心屋さんのブログをよく読んでいて、それをなんとなく横で見ていてたまたまその言葉が目に入ったのだけれど。むしろ僕個人としては、心屋さんに対してはどちらかといえば「うさんくさい」「自己啓発っぽい」「やたらなまやさしくてアヤしい」といった印象を抱いていた。とはいえ、心屋さんの主張に共感ないしは賛同できる部分もなくはなく、「存在給」もその一つだった。

いうまでもなく、給料というものは労働の対価として、つまり「なにかをしたこと」の対価として支払われる。しかし心屋さんは、「存在しているだけで給料はもらえる」「なにもしない人にだって価値はある」という主旨のことを書かれていた。

それを見たとき、自分のなかではまったく実感は伴わなかったけれど、面白い考え方だと感じた。そして「本当にそんなことがあり得るんだろうか?」というある種の好奇心みたいなものが、心の隅に少しずつ根を下ろしていったように思う。

それからしばらくして、今度は「おごられる」ことを仕事にしている「プロ奢ラレヤー」という人がいるのを知った。

彼は「人におごられて腹を満たす生活をしている」と公言している人物で、しかも特定の住居も持っていない。どうやって生活しているかというと、ツイッターで「誰かおごって」「泊めて」と呼びかける。「ぜひおごらせてほしい」と反応のあった人たちから適当に面白そうな相手を選んで、食事をご馳走されたり、宿を用意してもらったりしている。

彼の生き方には批判もある。「ちゃんと働いて自分の金で食えよ」と憤る人や「ただのヒモ」と揶揄《やゆ》する人も多い。ただ、僕はめちゃくちゃ面白い生き方だと感じた。彼は完璧に存在給だけで生きている人であり、「存在しているだけで給料が発生している人が存在している」という事実を目《ま》の当たりにしたことで、僕はそれまで自分のなかに抑え込んでいた欲求が弾けたような気がした。

その欲求とは当然「なにもしないで生きていきたい」というものだ。そして、このプロ奢ラレヤーさんの活動を参考にして、というか「こうすればよかったのか」とほとんどパクることによって「レンタルなんもしない人」が誕生した。

いなくてもいいけれど、誰か一人そこにいるだけ、加わるだけで気持ちが変わることがある。この章では「一人では入りにくい店に同行してほしい」「芝居の稽古に立ち会ってほしい」「仕事場にいてほしい」「部屋の掃除をするのを見守ってほしい」など、「ただそこにいる」ことをリクエストされる事例と、人間一人分の存在を一時的に貸し出すことによって生じる変化について考えてみたい。

✉依頼の内容ですが、明日明後日の一日、どの時間帯でも大丈夫ですので、元気かなあ等なんでも大丈夫ですので悪意なく私の事を思い出してほしいのです。思い出す、ではふんわりしすぎていますので、明日明後日の休日が突然なくなった新社会人の応援と思っていただければ幸いです。理由というのも、大した理由ではなく、ふと疲れて思い至ったまでです。

✎「明日か明後日、自分のことを一瞬だけ思い出してほしい」という依頼。何度読み返してても飲みこみきれないが、本当にただ思い出すだけでいいとのことで引き受けた。ちゃんと思い出してたことを後日報告したところ、効果あったようで安心したけど、なんとなく余計心配になった気もする。

さて、僕が「なんもしない人」になる以前は、（当たり前だが）なんかしていた。のちの章でも触れるけれど、まず簡単に経歴を紹介しておく。僕は理系の大学院を卒業後、通信教育サービスや学習教材の出版などをしている会社に就職したものの、ほどなくして同社を辞め、以降、肩書きとしてはフリーランスのライターを名乗っていた。先の心屋さんのブログで「存在給」という言葉を目にしたのは僕がフリーランスになって2年ほど経ったころだったが、ライターとしての仕事はほとんどしていなかったような気がする。理由は主に「面倒くさい」「飽きた」「報酬的においしくない」という、どうしようもないものだった。

そのなかで「報酬的においしくない」という点について、少し丁寧に掘り下げてみたい。ひと口に〝フリーライター〟といっても、広告で活躍するコピーライターから、雑誌、ウェブなどで執筆するライター、自分の署名記事で収入を得ているコラムニストまで、その職種は多岐にわたる。だけど原稿料を収入源にして生活しているという点では、みな同じだ。

僕の場合、会社員時代に教材の編集をやっていた関係で、メインの仕事は問題集の設問の作成や参考書の解説文の執筆だった。それと並行して企業用パンフレットのコピーライター的な仕事や、インタビュー原稿の執筆もしていた。最初のうちはこれらの作業を特に違和感なく、問題もなくこなしていたのだけれど、徐々に「この仕事はやっていても面白くない」「やりたいと思ってやっているわけではない」という気持ちが隠せなくなってきた。つまり、ライティングという仕事にストレスを感じるようになったのだ。

しかし、仕事に対する報酬（僕の場合は原稿料）というものには当然ながら相場があって、その仕事に対して楽しみながら取り組んでも、嫌々取り組んでも、支払われる金額が変わるわけではない。

なにがいいたいのかというと、なんのストレスもなくやりたい仕事をやっている人と、ストレスを抱えながらやりたくない仕事をやっている人のギャラが同額、というのに納得がいかなかったのだ。自分はこんなにも苦しみながら、精神をすりへらしながら原稿を書いているのに、その心理的負担に対してなんら手当がないのはおかしいんじゃないか？「楽な仕事なんてないよ」という声も聞こえてきそうだし、世間的にどこもおかしくないのは承知したうえで、でも事実として僕は頭を抱えていた。

これに対して「もっと面白そうな仕事を探せば？」と思う人もいるかもしれない。僕もそう思ったし、そうなるように動きもした。会社を辞めた動機がまさにそれだったし、フリーランスになって、興味のある分野の取材や会いたい人のインタビューなど、受けたい仕事だけ受ければいいと考えていた。でも、「受けたい仕事」であっても、たとえばそれが連載や類似企画なんかで何度も繰り返され、仕事の依頼主からは「この前みたいな感じで、よろしくね」などと毎回同じような成果を期待される状況に陥《おちい》ると、やはり気は重く、筆も進みづらくなった。そもそも、自分にとっては誰かからなにかを期待されること、それ自体がストレスだったのだ。

問題集の設問作成を例にすると、依頼主からはまずそのクオリティと納期に期待をかけられる。運よくその期待に応えて納品し、再び同種の依頼を受けた際は、「解説文、前よりもう少し嚙み砕いて」とか「ヒントの項目を追加するのはどう？」といったように、前回と同等か、それ以上のものを期待される。

それだけで、もうしんどい。だけど、自分としては一応は仕事にやりがいや新鮮味を求めようとする。だからいままで使い回してきた設問のアレンジではなく、新しいネタを考えようとしてしまうのだ。でも、自分の発想の引き出しなんてタカが知れているしネタもすぐ尽きるから、報酬の発生しない取材が別途必要になってくる。そして、それをやらなければならないという義務感がまたストレスになっていく。増していくストレスに応じて手当のように報酬も上がってくれればいいが、なかなかそうはいかない。したがって、生じるストレスの分量が、もらえる報酬の分量を追い越す瞬間が必ず訪れ、その仕事をやりたくなくなってしまう。これまでの人生で引き受けてきた仕事という仕事すべて、そんなかたちで投げ出してきた。

✉はじめまして。なんもしない人サービス、公園で夜風にあたって缶チューハイ飲みたいけど1人だとちょっと怪しくてあれだな…みたいなシチュエーションなどの場合に

は来ていただけるのでしょうか？

✎昨日の夜はこの依頼でたくさんお酒を飲まされました。夏、夜、公園、酒の四者、相性がよすぎてべろんべろんに酔っ払ってしまい、まだ酔いが覚めてません。リツイートしたユーチューバーの方とか、今日会う人には何らかの迷惑がかかるかもです。

一方で、仕事は仕事として割り切って、ブログなら自分の好きなように書けるし長続きするかもしれない、とブログを始めてみたものの、やはりネタが枯渇し、ブログ用のネタを頑張って探しながら生きるのはつらいと感じるようになった。結局のところ、「大人なんだからちゃんとなんかしないと」と思ってなにかを始めても、すぐにストレスを感じてやめてしまいなんもしなくなるし、そのストレスを軽減するための手段をとっても、すぐにまた行き詰まってなんもしなくなる。そういった「なんかしようとしてはなんもしなくなる」を繰り返しているうちに――「自分は、なんもしないのが向いている」、そう気づいた。

ちなみにその当時、ライターとしての仕事をほとんどせずにどうやって生計を立てていたのかというと、いわゆるトレーダーみたいなことをしていた。そのほうが楽してお金が稼げそうだし、実際そこそこ稼げたのだ。

そのときは「これでほぼなんもしなくても生きていけるのでは？」という漠然とした期待があったし、それは換言すれば「なんもしない人」として生きる道を模索していた時期といえるかもしれない。

だからこそ「存在給」という言葉に自然と目が向いたのだろう。もちろん、現在はそのトレーダー的なことはやっていないし、いま思えば当時そこそこ儲かったのはただ単に運がよかっただけで、あのまま続けていたらきっとどこかで大損していただろう。あるいはやっぱりどこかで飽きて、結局続かなかったかもしれない。


ひるがえっていまの「なんもしない」仕事は飽きもこないし、ストレスもない。なぜか。いろいろな分析のしかたがあると思うけれど、一番シンプルな理由は、毎回違う人と会って、毎回違うシチュエーションでなにもしていないからだ。つまり変化がある。

これは、テレビを見ている感覚に近いかもしれない。世の中にはテレビを退屈に感じる人も少なくないと思うが、僕はわりと好きなほうなのだ（僕の家にはテレビがないけれど）。こちらはなにもしないでぼーっと見ていても、向こうが勝手にバラエティ番組やニュース番組、ＣＭなどを流してくれるし、そこには適度な刺激もある。そんな受け身のエンタメ感が、サービスの（利用者側ではなく）提供者側にもたらされるという稀有な仕事が「レンタルなんもしない人」なのではないかと、最近思うようになった。

✉下の階に洗濯物をハンガーごと落としてしまいました。実は越してすぐに下の人には子供の足音が響いているなど何度も管理会社等に言われたりうちにこられたりしており、その都度対策をしてきたためここ半年ほど苦情等はないのですが、それでも一人で取りに行くのが怖いためついてきてほしいのです。

依頼内容：私の後ろで洗濯物を取りに行くのを見ていてほしいのです。その後少し家で反省会ができたらと思います（私が勝手に反省するだけです）。

✎下の階の人とは何度もトラブルがあり一人で対面するのは身の危険を感じるが、この日はほかに頼れる人もおらず、依頼に至った。ひとまず無事うけとれたものの、根本的な解決にはなっておらず、今後も恐怖の日々は続くらしい。

考えてみれば、ライターの仕事にしても趣味のブログにしても、やることがマンネリ化あるいはルーティン化してしまうことが問題だったのだが、それを回避するためにその都度新しい刺激なり変化なりを能動的に求めていくことが困難だった、というか自分には無理だったのだ。だから他人の力を借りて、受動的に刺激なり変化なりを楽しんでいられるいまの状況は、非常に楽だ。

実際このサービスは、あえて思考を停止させて、いってみれば身投げするような気持ちで始めた。そうすれば、勝手にいろんなことに巻き込まれて面白くなるような予感はあったし、いまのところそれは現実のものになっている気がする。

いま「身投げ」という言葉を使ったが、ツイッターであらかじめ依頼を受けてからとはいえ、見ず知らずの人に会いにいき、その人とある程度長い時間を共有しなければならないことに対して、僕自身は抵抗がなかったのか?

結論からいえば、なかった。

というのも、僕はフリーランスだった時期に「哲学カフェ」という、見ず知らずの人たちが10人くらい集まって「自由とはなにか?」「愛とはなにか?」「正義のための暴力は許されるか?」といった哲学っぽいテーマについて2時間くらい話し合ったりする場に参加するのが好きだったのだ。僕は学校や会社といった固定的なコミュニティに属する人と話すのはものすごく苦手だったけれど、哲学カフェに足しげく通うことで、知らない人同士であれば立て板に水のように喋ることもあるという自分の性質に気づいていった。そして、こういったその場限りのコミュニティにおける、各人の過去も未来も意に介さなくてよい、フラットで一時的な人間関係は、とても心地よく思えた。
だから身投げすることにほとんど抵抗はなかった。

⇅

✉**大好きだった彼と去年別れて、未だに微妙に引きずっているのですが、13日がちょうど別れの原因となった日から1年（彼が浮気した日）で、どうしてもひとりで過ごせる自信がありません。とはいえ、月曜の夜からこんな理由で友達を誘うのも申し訳なさすぎるので、もしよろしければ、一緒にお酒でも飲んでいただければ…と思います。**

✎こういう依頼があり、渋谷のおいしいイタリアンへ。もし「レンタルなんもしない人」が深夜ドラマだったらいろいろ艶っぽい展開もありそうな依頼だが、現実の場では普通に楽しくピザなどを食べて解散。

人間関係の話をもう少し続けると、一般的に、大事なことは大事な人、つまり友人、恋人、家族といった身近な人や親しい人にしか話さないものだと思われがちだ。それは子供のときも、大人になってからも変わらない。しかし一方で、人間関係が薄い、もしくはほとんど無関係な相手にこそ話せる大事なことも、世の中にはたくさんある。僕はそれを「レンタルなんもしない人」のサービスを始めてから知った。

要は、関係の深さと話の深さは必ずしも比例しないし、親しい間柄だからといって自分をさらけ出せるかというとそうでもない。むしろ親しいからこそ口をつぐんでしまうケースも少なくないのだ。

事実、僕のところに来る依頼には「話を聞いてほしい」といった類いのものが思いのほか多く、そのなかには「なぜ赤の他人である僕に？」と首を傾《かし》げてしまうくらい、ヘビーな告白もいくつかあった。

これは私見だけれど、たとえば僕にとって誰かに悩みを相談するということは、大げさにいえばその人に自分の弱みを握られることになると思っている。だから仮に親しい人、つまり過去から現在に至るあいだに人間関係が構築できていて、その関係が未来においても継続すると予想される相手に悩みを相談したなら、それ以降ずっと自分の弱みを握られ続けることになるのだ。

この場合、人間関係が良好であり続ければそれはたいした問題ではないかもしれない。でもなんらかの理由である日突然、その関係がこじれてしまうこともある。相手が好ましくない存在に変わったとき、弱みを握られているぶんだけ自分は不利になるし、さらにその弱みを自分のあずかり知らないところで多数の人にさらされる危険もある。それ以外にもいろいろな心配事が出てくるだろう。

その点「レンタルなんもしない人」のサービスにおいては、僕という存在は限りなく関係性の薄い、透明に近い他者であり続けるし、リピートしなければたぶん二度と会うこともない。いってみれば、イソップ寓話の『王様の耳はロバの耳』に出てくる、森の中の葦《あし》のような存在——誰にもいえない、だけど一人では抱えられない話を語る対象——として機能しているのだろう。もちろん、僕は聞いた話をツイッターに書いて不特定多数の人に発信してしまうことはあるけれど、依頼者個人が特定されかねない要素は排除したうえでの口外なので、誰かに弱みを握られる心配も少なくて済むというわけだ。

加えて、僕に話を聞いてほしいと思う人には、もう一つ別の動機があるようだ。これは依頼者の一人から聞いた話でもあるのだが、自分の話を誰かに聞いてもらっているときに、アドバイス（もっといえば説教）をされるのが苦痛なのだそうだ。なぜなら、アドバイスを受けることで自分の話になんらかの評価が発生してしまうから。さらに、聞き手としては別にアドバイスしているつもりではなさそうな「いいね」とか「それ面白いね」といったポジティブな評価でさえ、ちょっとしたストレスになる場合もあるという。

その気持ちは、僕も少しわかる。僕も誰かに悩みを相談した際に、相談相手から「そんなの大丈夫だよ」みたいに返されるのはイヤなのだ。というのも、自分の内面に抱えている悩みを正確に余すところなく相手に伝えるのは不可能であって、僕の口から出た言葉は自分の悩みのほんの一部を言語化したものでしかなく、そんな不完全な情報をもとに「大丈夫」とか「大丈夫じゃない」とか、どうして判断できるのだと思ってしまうからだ。「僕のことをなにも知らないくせに、勝手なことをいうな」と。

もちろん、それが身勝手な言いがかりだということも、相手に悪意がないということもわかっている。でも、悪意がないからこそ、右記のような感情を抱いてしまうこと自体にも罪悪感を覚えてしまうし、相手は善意で自分の相談に乗ってくれているのだから、もし僕が「なにも知らないくせに」などと本音を漏らしたら空気も悪くなる。

そんなことを考えたら、もう悩みなんて誰にも相談したくなくなってくる。そういう実感があるから、僕は依頼者の話を聞くときは、話の内容を評価することは一切せずに相槌だけ打つようにしている。もっとも、幸いにも僕のところに来る「話を聞いてほしい」系の依頼でアドバイスを求めてくるタイプのものは、そう多くはない。たまに「恋愛相談に乗ってほしい」といった明らかな相談案件もあるけれど、そういうときは「相談というのはなにかを期待されている感じがするし、なにかをしているような感じもするので難しいです。話を一方的にただ聞くだけなら可能です」と返している。

この「話を聞く」タイプの依頼については、別章でもう少し考えてみたい。

「はじめに」で書いたように「レンタルなんもしない人」がやっているのは、ただ一人分の人間の存在を一時的に提供する（貸し出す）ことだ。

具体的には、「一人では入りにくい店に一緒に入ってほしい」「芝居の稽古に立ち会ってほしい」「一人だと仕事をサボってしまうから仕事場にいてほしい」「ちゃんと部屋の掃除をするか見ていてほしい」といった、「ただそこにいる」ことだけが求められるシーンに対応している。あえて類型化するなら「同行」「同席」「見守り」ということになるだろうが、こうした依頼は基本的に、別に僕がいなくても依頼者本人の力だけで達成できるものだ。もっといえば「話を聞いてほしい」という依頼も、僕はただ相槌を打つだけなので、理論的には依頼者本人が独り言をいうかたちで自己完結できないこともないと思っている。

でも、いなくてもいいけれど、そこに誰か一人いることで、依頼者の気持ちに変化が起きていることはたしかなようだ。そう考えると「レンタルなんもしない人」は〝触媒《しょくばい》〟みたいなものとして機能してるんじゃないか。


触媒とは、それ自身は変化せずに、ある化学反応の反応速度に影響を与える物質のこと。よく例に出されるのは二酸化マンガンだ。

理科の実験で、過酸化水素水に二酸化マンガンを加えて酸素を発生させるというのがあるが、じつは過酸化水素水は放っておいても勝手に酸素を放出している。ただ、そのままでは反応速度が遅すぎるから、反応速度を上げる触媒として二酸化マンガンを加えているのだ。

つまり、酸素を発生させるために二酸化マンガンが必須なわけではないけれど、あると捗《はかど》る。もう少し抽象化しつつ別の言い方をすると、自分（過酸化水素水）だけでやるには10のエネルギーが必要なことが、そこに誰かが一人（二酸化マンガン）いることで必要なエネルギーは4とか5くらいに下がる。

入りづらいお店に入るのも芝居の稽古をするのも、仕事をするのも掃除をするのも、一人でできないことはない。でも、一人だとなかなか重い腰が上がらない。
その腰の重さを軽減する触媒として「レンタルなんもしない人」が作用しているというわけだ。

また、「お店に同行する」という依頼の発展形として「一緒にイベントに参加してほしい」という依頼がある。たとえばオールスタンディングのライブのように固定された席がないイベントの場合、「同行」はするけれど必ずしも「同席」しているとはいえない。つまり現場に到着すれば依頼者も僕もほぼ単独行動をとっているのと変わらないのだが、「レンタルなんもしない人」と一緒に行くという約束をすることが触媒となって、その依頼者が重い腰を上げるのに本来必要だったエネルギーが軽減されたと考えることもできる。
もう一つ、触媒的な効果をわかりやすく説明できそうなのがこんな依頼だ。

✉あけましておめでとうございます！　もう埋まってるかもしれませんが、1月4日の朝に「おはよー！Tokyo」するので、余裕があれば見に来ていただけませんでしょうか？　朝8時半〜9時、場所は前と同じく井の頭恩賜公園です。2019年のはじ

まりを意識したおめでたい感じにしたいと計画中です。楽しみにしててください(#^^#)

✎今日は朝から井の頭公園で猪を着た女性が通行人に挨拶してるところを見届けています。

少し説明すると、この依頼者は朝、仕事に行く前に公園で自作の衣装を着て、通りすがりの人たちに向けて「おはよー！」といったり、踊ったりする活動をよくされている(この日以外にも、猪とは異なる格好でおこなっていた)。そして「基本的に私一人でやっているのですが、レンタルなんもしない人さんが目の前にいたら面白いだろうな、と思い」、依頼にいたったという。付け加えると「レンタルなんもしない人さんも、同じ感じのあやしくてよくわからない人だと思ったので、ぜひお会いしてみたい」とのことだった。

この依頼の通り、僕は朝から東京・吉祥寺の井の頭公園で猪の衣装を着た女性が通行人に挨拶しているところを見ていた。そして目的を果たした依頼者は「別に猪になるのが恥ずかしいとかではなく、ああいうことをするのは孤独さがある。だからちょっと気合いを入れないとできないけど、そばに一人いてくれるとやりやすくなる」といっていた。もっとも、このときはテレビの取材が入っていて、このコメントはテレビ向けのものではあったけれども。

ちなみに、「同席」や「見守り」系の依頼の場合、当然のことながら僕はその場に「ただいるだけ」だ。「見守り」と書いたけれど、実際は見ていないことも多い。ただ、それは依頼者側も了承済みなのだ。

僕はアマチュアで小説を書いているのですが、ひとりで書いているとついさぼってしまい、作業している僕を誰かに見張っていてほしいのです。レンタルさんには、作業している僕の前に座っていて頂きたいです（その間、たまにしゃべりかけるかもしれませんが、基本はなにもせず時間を潰してくれていたら助かります）。

「小説の新人賞に応募する原稿の追い込みをかけたいので同席してほしい」という依頼。一人だとサボってツイッターを見すぎてしまうとのこと。僕は依頼者が持参した漫画を適当に読んで過ごした。初対面の人が同席し、初対面の人に作業ルールを宣言したという状況下だと、やはりいつもより捗ったらしい。

依頼文に「たまにしゃべりかけるかもしれませんが」とあるように、仕事の「見守り」においては、依頼者が休憩がてらこちらに話しかけてくることも少なくない。たとえばある漫画家さんの依頼者は、「アシスタントさんだと意識が高いから、休憩時間が長かったりすると『そろそろ仕事に戻りませんか?』なんて指摘されることもある。だから、こういうふうに気兼ねなく会話できるのは気持ちが楽なんです」といって喜んでくれた。

もっとも、「会話」といっても僕ができるのは「簡単なうけこたえ」のみだし、依頼者の仕事の内容も関知していない。もちろん漫画家なら漫画を描き、小説家なら小説を書いていることぐらいはわかるけれど、だいたいデスクワーク系の依頼者と向かい合って座っていることがほとんどなので、僕にはパソコンの裏側しか見えていないのだ。

芝居の稽古の「見守り」にしても同様だ。依頼としては「そこにいてくれればいい」というもので、別に見学だとか監視だとかいうことは求められていない。だから僕も開き直ってツイッターにその状況を書き込んだりしていた。まあ、たまには完全になにもしないわけにはいかないときもあって、ある劇団の稽古の「見守り」中に、「お芝居のなかでお客さんと掛け合いみたいなことをする場面があるから、そのときだけお客さんの役をやってほしい」と頼まれたことがあった。でも、その程度なら僕も「簡単なうけこたえ」の範《はん》疇《ちゅう》でこなすことはできるので問題ない。この劇団は小さな公民館の会議室を借りて五、六人で稽古をしていたのだけれど、やはり知らない人が一人いると緊張感が出るらしい。

こういう、「ただいるだけ」でいい依頼は僕としても歓迎したい。なにがいいかって、なんもしない仕事をしながら別の仕事も同時にできるのがいい。つまり仕事中も仕事ができる。まあ仕事といってもツイッターのＤＭ（ダイレクトメッセージ。発信者と受信者のみが見られる非公開のもの）に返信したりネットサーフィンするくらいなんだけれど、なにもしなくていいということは、なにをしててもいいということなんだと思うようになった。

さらにいえば、「レンタルなんもしない人」を実際にレンタルしなくても、というか僕が依頼をお断りしたのにもかかわらず依頼者のニーズが満たされてしまったケースもある。

✉今年はじめ、とある事から心身ともに疲労し動けなくなってしまい、外出や家事ができなくなりました。最近元の自分に戻るため掃除や予定を入れて人として少しずつ復帰しているのですが、部屋の中に物理的に問題なブツがあります。洗っていない食器です。〈略〉叫びながら狂いながら洗い物をする横で（厳密にはベランダのそば辺りまで避難していただいて）、何もしないで終わるまで待っていてほしいのです。１人

でいるとどうしてもできないんです。この食器さえ片付けることができたら、外ですれ違う普通の人とかに自分もまた少し近づける気がするんです。

「数ヶ月放置してある洗い物を叫び狂いながら片づけるので横にいてほしい」という依頼。さすがに恐ろしいので断ったが、さきほど1人で遂行できたと報告があった。多分だが、誰かに話すことで現状の客観視と冷静な行動が促されたんじゃないかと思われる。依頼が成立せずとも効果が発生したレアなケース。

この依頼は、典型的な「見守り」タイプ。ただ、そこには「絶対に不衛生な環境だし、虫が湧いてるかもしれないのでレンタルさんはベランダにいてください」との一文も添えてあった。それを見て、僕は潔癖症というほどではないものの不衛生な環境にはだいぶ抵抗があり、虫も苦手だったので申し訳ないけれどお断りしてしまった。しかし後日、その依頼者から「無事に片づけられました。虫もいなかったです。ありがとうございました」という報告をいただいた。

おそらくは、台所を片づける決心を僕に告げたことがトリガーみたいになって、その依頼者は一人で目的を達成できたのだと思う。あるいは、依頼者が台所を片づけられなかった理由が「忙しくて片づけるヒマがないから」とかではなく、精神的なものだったことも関係しているだろう。つまり、精神的に参っているときは頭の中がぐるぐるしてなにも手につかないけれど、ツイッターのDMで依頼文を打つことでそのぐるぐるが制御、ないしは整理される。その結果、腰が軽くなることもあり得るんじゃないか。いずれにせよ、これは「レンタルなんもしない人」がツイッターのDM上のやりとりでも触媒的ななにかとして機能した、究極のなんもしなかった事例の一つだ。

このようにDM上でやりとりされ、なおかつ僕が断った依頼をめぐって一つ面白い出来事があった。

それは、2018年12月23日におこなわれた天皇誕生日一般参賀にまつわる依頼だった。このとき「一般参賀に同行してほしい」という依頼が一度に3件も来て、そのこと自体もわりと面白かったのだが、スケジュールの都合ですべて断ってしまった。それをそのままツイッターで「一般参賀の依頼が3件来たけど全部断っちゃいました」とつぶやいたところ、断られた側の依頼者もたまたまそのツイートを見ていて、また外野の人も加わって「断られた人同士で集まって一般参賀に行けばいいのでは?」みたいな空気になっていき、結果、その提案は実現し、依頼者たちの「一般参賀に誰か同行してほしい」という希望は僕抜きで叶ってしまった。こんなことはまったく予期していなかったが、ツイッターを媒介にした「レンタルなんもしない人」の波及効果といってもよさそうだと思った。

ある依頼者は、「レンタルなんもしない人」は「人生のある局面で1回だけ切れる便利なカード」みたいな存在であり、そのカードを切ることがなかったとしても「お守り」のような効果があるのではないかといっていた。まあ、僕としては何回カードを切ってもらってもいっこうに構わないし、「お守り」というよりは「逃げ道」に近いような気もしないでもないが、「レンタルなんもしない人」が存在するということに対して、なにか心強さみたいなものを抱いてくれている人がいるならそれはけっこう喜ばしいことだと思う。

たまに「写真を撮ってほしい」「部屋の片づけを手伝ってほしい」「〇〇を買ってきてほしい」など、なんかさせようとしてくる依頼が来て身構えてしまうんですが、人間をレンタルできるサービスはほかにもあることを忘れないでほしい。人になんかしてもらいたい方はおっさんレンタルをご利用ください。

「おっさんレンタル」とは、公式ホームページから引用すると「イケてると勘違いしているおっさんを1時間1000円からレンタルできるサービス」で、「雑談から内緒話（笑）、パシりまで、あなたのニーズにお応えします」というものだ。

　ところで、「レンタルなんもしない人」にとって「なんもしない」と「なんかする」の境界はどこにあるのか。依頼者やフォロワーの方から尋ねられることもときどきあって、非常に説明が難しいのだけれど、自分のなかで決まったマニュアルやルールがあるわけではない。だからとりあえず「ケースバイケースです」としかいえない。

　ただし、「ここまではOK」という言い方はできないが、「これはNG」という例を示すことはできる。たとえばいわゆるおつかいや、グッズ販売の列に並ぶのを代行することなど、（誰かに指示・命令されているにせよ）委細については僕自身の主体的な判断が要求されそうなケースはすべて断っている。一方、お花見の場所取りの依頼はたぶん受ける気がする。なぜなら、この場合はお花見をする地点まで依頼者に「同行」し、ブルーシートかなにかの上で「ただ一人分の存在を差し出す」ことになるから。

　それから、これがまた厄介《やっかい》なことに、以前はOKだった依頼がNGになるケースもある。その主たる原因は、自分がその依頼に飽きてしまうこと。たとえば「パチンコ屋の開店前の行列に一緒に並んでほしい」という依頼は引き受けたことがあるが、一回やってしまうと飽きてしまい、それ以来もうやりたいと思えなくなった。

先にも取り上げたように、一般的な仕事だったら、それこそライター業などは「過去にこんな記事を書いたことがあります（だから同種の仕事をばんばん振ってください）」みたいな感じで、同じ仕事を繰り返すことはむしろセールスポイントになる。だけど「レンタルなんもしない人」の場合は「それは過去にやったことがあるのでお受けできません」と断ることも少なくない。

実際、「『アイカツフレンズ！』というカードゲームの大会に出場したいのですが、二人組でないと出られないので一緒に出てほしい」という依頼が連続であった際、2回目の依頼者には「まったく同じ依頼を一度受けているので、もし新規で面白そうな依頼が入った場合はそちらを優先してもOKですか？」という旨を返信した。依頼者も「それで大丈夫です」と納得してくれたし、結果的に新しい依頼は入らなかったので引き受けたけれども。

同じように「ライブに同行してほしい」という依頼も、いくつか辞退している。

というのも、僕は音楽や芸能にあまり詳しくないので、ほとんどが知らないアーティストやアイドルのライブなのだ。最初のうちはなんの興味もない人のライブに連れていってもらうのも面白いかなと思ったのだが、やはり興味がないものは興味がないままで、「いろんなアーティストがいるんだな」という感動に慣れてからは少し飽きてきて、依頼を受けることに気乗りしなくなってしまった。ただ、これがたとえばモーニング娘。とかポール・マッカートニーとか、僕でも知っているアーティストならば話は違ってくるので、やはり「ケースバイケース」だ。

✉依頼内容

●具体的には：ファミレスかカフェで食べ物食べながら少し話したり見守っててほしい。

●詳細：アカウント名の通り婚活しなければならないのですが惰性《だせい》と現実を直視できない逃避行動でまったくできておりません。友人にも独身が多いのですが性格的に婚活をしている、といいづらく（男がいなくても一人で生きていける）と話しちゃってるタイプで……いよいよまずいなと思うのですが一人だとどうしても趣味活動（オタクです）か、休日謳歌《おうか》で布団と一日を過ごしてしまい、すすみません。婚活サイトへの登録やメッセージをおくったり、パーティーに申し込んだり、情報収集するのをみまもっていただけないでしょうか。

ぁぁぁぁぁと苦しみながらやってると思うので軽く話していただけると嬉しいです。

✎気の進まない婚活の作業を見守ってほしいとの依頼。DMにある唸《うな》り声を10分に1回くらい上げながら登録作業などに勤しんでいた。婚活アプリの操作ミスで、スルーしたい男性に〝いいね〟を送ってしまった時は天を仰いで本当につらそうだった。僕は凄いアフタヌーンティーをごちそうになりひたすら楽しかった。

先ほど「哲学カフェ」によく通っていたという話をしたが、僕は初対面の人や普段の生活で接点のない人の話を聞くのはわりかし好きなほうなのだ。同行や同席という任務を遂行するなかで発生する会話にしても、繰り返しになるが「簡単なうけこたえ」しかしていないものの基本的には楽しんでいる。しかしライブ中はその会話がほとんど発生しないので、そういう意味でも優先度は低い。

一応断っておくと、興味がないものを観賞するという行為自体にストレスを感じているわけではない。なんなら僕はライブ会場で依頼者の近く（座席指定があれば隣の席）にいればいいだけで、別にそのライブをちゃんと見ていなくてもいいのだから。ただ、なぜかこの文章を書いている時点では、ライブの同行依頼が増えていて、同じタイプの依頼でスケジュールを埋めるよりは、ほかになにか面白そうな依頼が来たときのために空けておきたいと思っている。ただ、飽きた依頼であっても、たとえば今後ライブの同行依頼がぱったり止んで忘れたころにひょっこりそういう依頼が来たら、そこに再び新鮮味を感じて依頼を受ける可能性はある。だから依頼を受ける／受けないの線引きも曖昧《あいまい》だなと、自分でも思う。

ついでにいうと、本の執筆というのは「なんもしない」範疇に入るのか。これを疑問に思う人もいるかもしれない。でも、「はじめに」で書いた通り実際に手を動かしてくださっているのはライターの人だし、質問に対して僕がおこなった「簡単なうけこたえ」が文章化されたものだ。この「簡単なうけこたえ」というのも、どこまでが「簡単」なのか線引きが難しいのだけれど、少なくとも僕自身は自分の知っていることしか話していない。今回の取材のためになにか特別な準備をしてきたわけでもないから「簡単」といえるし、そういう「うけこたえ」の積み重ね、ないしは延長で本ができるのであればアリ、という認識でいる。

「レンタルされてる最中にこちらから切り上げて帰る（どうしても興味をもてなかっ

たので)」ということを初めてやったらブロックされてしまった。

引き受けた依頼が肌に合わず、途中で切り上げてしまったことが一度だけある。

依頼者はとあるイベントの主催者で、依頼内容はそのイベントに客として参加してほしいというものだった。

そのイベントは、何人かの登壇者がそれぞれ自分の実現したい夢を語っていって、その夢の内容や各人のプレゼン能力をお客さんが評価し、最も高い評価を受けた人はその夢を実現するための支援を受けられるというものだったと記憶している。そのイベント自体になんら怪しいところはなく、いたって健全なものだったのだけれども、開会の挨拶で司会の人が「みなさんのなかには夢を持っていない人はいないと思います」とか「未来のことを考えていない人はいないでしょう」みたいな話を始めた瞬間、僕は「自分はそれに当てはまらないな」と思ったというか、勝手に押し付けがましさを感じてしんどくなってしまったのだ。

そして、イベントが始まってから30分くらい経ったころ「このまま参加していたらツイッターでネガティブなことを書きかねない」と判断し、依頼者にDMで「すみません。気が進まなくなってしまったので、交通費はいらないので早めに帰らせていただきます」と送った。依頼者からは「かしこまりました」という返事が来て、同時にブロックされた。

これに関しては、とても申し訳なく思っている。しかし、依頼を途中で断ることも大きなストレスになるのだが、その場に居続けることで受ける負担のほうが、それを上回ってしまったのだ。


なぜ「夢」というワードに押し付けがましさを感じたのか。あとから考えると、言葉そのものというよりは「夢」というワードを口にする人に対する偏見が僕にはあるかもしれないと思った。

そう、まさに偏見であって、僕の私見なのだけれど、そういう人は「夢」というのは「世のため人のためになるものであるべき」みたいなことを前提にしている感じがする。それが説教くさいのだ。

僕が中座したイベントにしても、登壇者のなかには「アフリカの恵まれない子供たちを支援したい」と語る人もいた。もちろん過酷な環境にいる子供たちは支援されたほうがいいけれど、そういう「世のため人のためになること」を「自分の夢」として掲げている人とは、正直なところ、ちょっと話が合わない気がする。善意全開の圧力を感じて、うけこたえをするにも気後れしてしまい、同じ場にいるのがしんどくなるのだ。

だからといって僕があらゆる「夢」に対してイヤな感じを抱いているわけではない。僕も「あなたの夢はなんですか？」と問われれば「なにもしないで生きていくことです」と即答する。でも、それは「誰かのため」じゃなくて自分がそうしたいから。「夢」なんてその程度でいいはずなのに、なんだか大仰な物言いをする人に対しては、あえて意地悪な言い方をすると、なんらかの賞賛を期待しているのではないかと勘ぐってしまうのだ。

「夢」というのは、未来において達成したいものごとを指すのが一般的だろう。だけど、「夢」を問われることで、未来のことをいま考えさせられるというのも鬱陶《うっとう》しい。僕の「なにもしたくない」という「夢」は、現時点ですでに成就しているのであって、このまま現状維持していきたいという意味での「夢」だ。要するに、完全に〝いま〟に目を向け切っていていいはずなのに、いつから未来につながることが前提になったのだろう。

そんな未来を見たくない僕に、将来について悩んでいる大学生から「話を聞いてほしい」という依頼が来たことがある。そのときも例によって相槌しか打っていなかったのだけれど、「大学生のうちにこれをやっておけってこと、なんかありますか？」と問われたとき、つい「なにもしなくていいと思いますよ」と答えてしまった。これは半分は「なんもしない人」というキャラに即した返答だが、半分は本音だ。

2　個性を出さない

自分らしくあろうとする必要はない

当方、社会人2年目の新人です。入社して2年ですが、直属の上司と意見が食い違い、つい、言い合い？のような感じになってしまいました。現在、大変気まずい雰囲気です。そのため、朝、会社に行くのが少し怖いです。可能であれば誰かについてきてもらえると助かるのですが、可能でしょうか？

「朝の出勤についてきてほしい」という依頼。上司と気まずい雰囲気になり、会社に行くのが少し怖いとのこと。その上〝恐ろしい会議〟もあって腹痛まで生じてたらしい。会社勤めを3年でドロップアウトした自分には共感が大きすぎ、思わず頑張って早起きしてしまった。会社は本当に恐ろしいところだと思う。

僕がまだ会社員をやっていたころ、上司によく「おまえはホントにいてもいなくても変わらないな」という言葉を浴びせられていた。おそらく上司としては、取り立てて特徴もなければ周囲に対する影響力もない僕のことを冗談半分に貶《けな》していたつもりだったのだろう。けれどいまやそれを商品にして活動しているというか、そんな僕の存在のしかたにニーズが発生していることが面白い。

この上司は僕が「いてもいなくても変わらない」ことに不満を持っていたわけだけれども、じゃあ僕に対してなにを期待していたのか。それは「こいつがいないと仕事が回らない」と思える働きぶりだったり、みんなをまとめるリーダーシップだったり、単純に会社にとってプラスに働くこと、つまりは、いわゆる「人に仕事がつく」みたいなことを求めていたのだろう。人に合わせて組織を作るとしても、それぞれの個性や素質がわからなければ（あるいはそもそもなければ）、人員配置のしようがないのかもしれない。

第1章で述べたように、僕は会社のような固定的なコミュニティに属する人とコミュニケーションをとるのがひどく苦手なこともあって、社内の飲み会でもほとんど誰とも喋らずただ黙ってそこにいることが多かった。すると、やはり存在感の薄さを茶化される。この場合は、空きかけたグラスに気づいてお酌をするとか、上司と後輩の距離を縮めるちょっとしたお節介を焼くとか、場の雰囲気を盛り上げるみたいなかたちで存在感を示すことを期待されていたのだろう。

いずれにせよ、こうした「貢献」ができない人は、社会生活を送るにあたってだいぶ大きなハンディキャップを負っているといっていいと思う。しかし「レンタルなんもしない人」という仕事においてはそれがプラスに働いているというか、一般的な貢献とは別のかたちでそれなりに多くの人の人生(といっては大げさかもしれないが)に、それなりに寄与しているという実感はある。冒頭のいわゆる「同行」などの依頼もその一つだ。依頼者当人がやりたいことに対して、僕は単に付き添うだけ。そこに深いコミットは必要とされないし、個性もいらない。いってみれば会社員時代といまとで逆転現象みたいなことが起こっているわけだ。

「会社にいてもいなくても変わらない」というのは、言い換えれば影が薄い、集団のなかで埋没する、アイデンティティを喪失した没個性という状態なのだろう。そして、いまこの活動を継続できているのは僕が没個性的であるからにほかならない。しかし矛盾するようだけれど、「レンタルなんもしない人」という人格をいまのところ持っているという点で、僕は個性的であるという言い方もできる。

ではいったい、「個性」とはなんなのか。

個性、とひと言でいっても、顔や体、声など先天的に得た資質と、コミュニケーション能力や特技など、後天的に身につけたものに大きく分けられるだろう。「個性的な顔だね」なんていうとアクが強いみたいでほめ言葉には聞こえないけれど、個性自体は、相手のキャラクターをかたち作るものとして概《おおむ》ね好意的に捉えられる。しかしよくよく考えれば、それはいかにも漠然とした、抽象的なものだ。「唯一無二の個性」ともいわれるように、人と比べることで成り立つ、集団のなかに身を置いて初めて生まれる、相対的な評価にすぎないと思う。

僕が「レンタルなんもしない人」の仕事をしている際に個性的であることを求められることはない。たとえば初めての依頼は「風船を持ってただ歩いてほしい」というものだった。

✉こんにちは。ツイートを拝見してDMさせていただきました。今日の今から1時間後くらいに国分寺駅で待ち合わせして、一緒にお散歩しながら写真を撮られてくださいませんか。時間は2〜3時間、飽きるまでで大丈夫です。風船を持つこと以外は歩いたり話したり立っていたりしてくださるだけでいいです。他にはなんにもしなくて大丈夫です。

✎一人目の依頼者には、風船をもたされ、写真を撮られたうえ、インスタの宣伝を頼まれました。国分寺から西国分寺まで風船もちながら歩くの楽しかったです。これ持って帰宅ラッシュの電車に乗ってわりと嫌がられて面白かった。

もしこのとき僕がものすごく個性的な人間だった場合、この依頼は成立しなかった、もしくは依頼者の意に添えなかったかもしれない。というのも、これは依頼者が通っていた学校の卒業制作であり、この依頼における主役は「風船」だからだ。つまり僕が主役の風船を食ってしまわない程度にどこにでもいそうな匿名性の高い男性だったことで「風船を持って歩いている人」たり得たのではないか。

匿名性が期待されたと思しきケースに、「プリクラを一緒に撮ってほしい」という依頼があった。プリクラ経験にも最新のプリクラ事情にも乏しい僕は、なにをどうしたらいいのかわからずあたふたしっぱなしで、プリクラ機の画面に表示された「二人でハートを作ってね」という指示に慌てて片手でハート型の半分を形成しようとしたら、依頼者から「そういうのはいいです」と断られた。おそらくは背景みたいなものとして写り込むのが正解だったのだろう。とはいえこの依頼自体は、そうやってあたふたしたこともふくめてめちゃくちゃに楽しかった。

✎先日依頼者との待ち合わせのとき人違いをした。(「格好は派手なロングスカート」と言われてて、それっぽい人に声かけたら違った。さーっと立ち去られた)。対面時にはいつも「なんもしない人です」と声かけてるんですが、その人は突然知らない男から「なんもしない人です」と声かけられて怖かったろうな。

僕の服装は、基本的に上は無地のTシャツかパーカー、下はデニムかチノパンという、ほとんど自己主張のない、無色透明な格好をしている。強《し》いて特徴的なポイントを挙げるとすれば、いつも必ずワークキャップをかぶっていることだろう。この帽子をかぶるというスタイルが、あとで気がついたのだけれど、そこはかとない〝業者感〟を醸《かも》し出していて、すごく具合がいいのだ。

もともと僕はファッションとして帽子をかぶることはほとんどなかった。帽子をかぶるようになったのはちょうど「レンタルなんもしない人」の活動を始める1ヶ月ほど前、2018年の5月からになる。なぜ急に帽子をかぶりだしたのかといえば、ふと「人生で1回くらい帽子をかぶってみたい」と思ったから。それでなんとなく吉祥寺に帽子を買いにいき、なんとなく入った帽子屋さんで「初めて買うんですけど」と店員さんに告げ、「これならかぶりやすいですよ」とおすすめしてもらったのがいまかぶっているタイプの帽子だったのだ。

そして、買った帽子をそのままかぶって帰ったところ、それまでは人が多くてどちらかといえば苦手だった吉祥寺の街が、ずいぶん歩きやすくなったように感じられた。理由の一つは、人目を気にせずに済むようになったからだろう。つまり視界の上側が帽子のツバによって覆われているだけで、なんだか他人の視線をシャットアウトできているような気がするのだ。もちろん、吉祥寺の人混みのなかでわざわざ僕に視線を向ける人なんかいないことはわかっているけれど、やはり自意識というのは如何《いかん》ともし難いものだ。もう一つは、おそらく視野が狭くなったぶんだけ内省的になれるというか、自分の世界にこもれるような気がするからだ。

ともあれ、帽子をかぶることで人目を気にせず街中を歩けるようになり、なおかつ内省しやすくなったことで自分の欲望に忠実になったというか、「なにもしたくない」という気持ちと正直に向き合えた……といったら言い過ぎかもしれないが、吉祥寺で帽子を買ってから間もなくして「レンタルなんもしない人」という仕事を着想するにいたったので、あながち無関係ではないかもしれない。完全に後付けの理由だけれど、人目を気にしなくなった、つまり「他人からどう見られるか」を気にしなくなったおかげで、一つ行動を起こせたということもできそうだ。ついでにいうと、その帽子を買いになんとなく入ったお店の名前が「帽子ショップ無」だったというのも、なにか因縁《いんねん》めいたものを感じなくもない。

活動を始めてからも、この帽子が思いのほか役に立っている。風雨を凌《しの》ぐ、防寒、寝癖対策といった実用面はもちろんのこと、待ち合わせの際の目印にもなるし、なにより大きかったのが最初にいった〝業者感〟だ。

帽子をかぶって仕事をする職業のなかで最も身近なものの一つは、宅配便の配達員じゃないだろうか。ユニフォームの一部として帽子があるのだが、要するに、こちらが帽子をかぶっているおかげで依頼者は宅配便を受け取る延長のような気安さで接することができる、と僕は勝手に思っている。そして依頼者が「あ、業者の人が来たな」みたいな感覚になってもらえればオフィシャル感が生まれるし、事務的な対応でもお互いにOKな雰囲気にもなりやすい。それは僕にとっても好ましいことだ。まったくの他人ではあるけれども、あたかもマニュアルがそこにあるかのように、必要最小限のコミュニケーションをとっていれば事足りるし、仕事が終われば業者の人は勝手に帰っていく感じ。これは僕が最初に買った帽子がハットでもニットキャップでもベースボールキャップでもなく、ワークキャップだったのも幸いしたと思う。

当然、僕としても帽子によって依頼者の視線をシャットアウトできる（シャットダウンしているつもりになれる）という効果もある。だから、ちょっと失礼かもしれないが、僕は依頼者と「こんにちは。はじめまして」とかいうときも帽子はとらずにいる。というより、もはや人前で帽子をとるとちょっと照れてしまうくらいに帽子に依存しているところがある。

依頼そのものとは直接関係ないところで、個性みたいなものが歓迎されることはままある。たとえば「プロ野球観戦に同行してほしい」という依頼があり、試合が始まるまでの時間つぶしで喫茶店に入ったのだけれど、そこで依頼者から「数学の話をしてください」といわれた。僕は自分の知っていることを話すのは「簡単なうけこたえ」の範疇《はんちゅう》に入ると考えているので、目の前にあった紅茶に絡めたカージオイドの話（ミルクティーなどの表面に照明が当たったときに見える曲線はこんな数式で表せるんですよ、という話）に始まって、いわれた通り数学や物理の話をめちゃくちゃした。するとそれが面白かったみたいで「野球の試合はもういいんで話を続けてください」と延長をリクエストされた。結局、話が尽きたあたりで球場に向かったら半分くらい試合は終わっていたけれど、一応は「観戦に同行」もクリアできた。

ただ、「○○ができる」とか「××に詳しい」とか、僕がそういうプラスの個性——使える能力、といってもよいかもしれない——を持っていると認識もしくは誤解されると、話は変わる。変に期待され、実際に会ってみたら「そうでもなかった」とか「だからといって別に面白いわけではなかった」といった評価が発生する。なんらかのキャラ付けをされてしまうと「思ってたキャラと違った」と失望されることもあるから、なんもしない人としてあくまでプラスでもマイナスでもない、スペックはゼロでありたいのが正直なところだ。

子供時代の個性と、大人のそれとでは、なにが違うのだろう。

✉レンタルさんはじめまして！　急で恐縮なのですが、本日の依頼は可能でしょうか？「喫茶店で一緒にクリームソーダを飲んで欲しい」という依頼です。場所は渋谷駅付近にしようと思います。

この依頼者は男性で、急な依頼ではあったが突然クリームソーダを飲みたくなったのではなく、常々飲みたいと思っていたそうだ。僕も男一人で喫茶店に入ったときのクリームソーダの注文しづらさはわからなくもないので一も二もなく引き受け、当日は二人で堂々とクリームソーダを堪能《たんのう》した。

しかしこの一件で、なんとなく「レンタルなんもしない人はクリームソーダ好き」というキャラ付けがなされたようだ。それ以降、依頼者の方が気を利《き》かせておごってくれた、というよりもむしろ、僕自身が期待に応えようとそっちへ若干寄せてしまったところがあり、クリームソーダを飲んでいる旨のツイートを立て続けに投稿した。当然のことながら次第に飽きてしまったため「クリームソーダはしんどくなってきたので、いまはレモンスカッシュに移行しています」とか、わざわざツイートすることでクリームソーダのイメージを薄めてみたりもした。そういう変化を発信するのも人間らしくていいんじゃないか、人間としてみなされやすいんじゃないかとも思っている。

なるべくキャラの薄い、没個性的な人間でいたほうが「なんもしない」ことに向いている一方で、あまりに個性がなさすぎるとそれはそれで強烈な個性になる。だからどこかに揺らぎやノイズのようなものが若干混じったほうが具合はいいし、自分としても完全な没個性人間であろうとするとストレスを感じる。そういう意味では、なんらかの変化や時折の暴言を発信することでキャラの固定化を避けると同時に、ある種のストレス発散をしている。もう少し戦略的な言い方をすると、「レンタルなんもしない人」のサービスの内容も開始当初から微妙に変化している気がするので、その象徴としてクリームソーダからレモンスカッシュへくら替えしたことや、帽子やアウターが変わったことといったネタは積極的に発信することにしている。

✉今回、裁判の傍聴のみをお願いしたく、ご連絡差し上げました。1月に東京地方裁判所（東京都千代田区）近辺でのお仕事をご依頼致します。ちなみに民事訴訟で、被告は東京大学です。お返事お待ち申し上げます。

⇅

✎「裁判の傍聴に来てほしい」との依頼。原告は依頼者、被告は東大。修士課程修了間際に教授から「進学しないでくれ」と言われ、博士への進学に対する妨害を受けた、いわゆるアカデミックハラスメントを訴えたもの。苦手な相手と対面する上で傍聴席に一人でも事情を知ってる人が居てくれると心強いらしい。

「レンタルなんもしない人」でいるために、僕はことさら個性をアピールする必要はないし、しようとも思っていない。しかし、そんな僕でも、個性ないしは自分らしさというものと向き合わなければならなかった時期もある。それは、就職活動をしていたときだ。つまりエントリーシートを書いたり企業の面接を受けたりするときに、いわゆる自己アピールをしなければならないから、自分の長所を把握《はあく》して言語化する必要があった。

僕は大学院時代、あまり友達がいなかったので、エントリーシートは一人でハウツー本を見ながら適当に書いた。しかし、それにしたって自分のいいところを書き出していくという作業は本当に気持ちが悪かった。考えてもみてほしい。自分で自分のことを褒《ほ》めちぎる人間なんて、明らかに気持ち悪いではないか。でも、それをしなければ就職できないんだから我慢するしかない。たしかに自分のいいところを見つけ、それを「個性」や「強み」と言い換え、「自分らしく働く」「自分にしかできないことをする」のが正解だ、それが働き続けるモチベーションになる、と説《と》くテレビCMやインターネットの就活・転職サイトはたくさんある。だけど本当だろうか。

そのとき僕がどんなことをエントリーシートに書いたのか、具体的にはほとんど覚えていないのだけれど、研究室でやっていたことなどから「発想をかたちにするのが得意」みたいなことをひねりだして、というかもはや捏造《ねつぞう》して、なにかいい感じの言葉でラッピングしてごまかしたような気がする。ちなみに面接の練習は、いまの奥さんと当時から交際していたので彼女に面接官役をやってもらったのだけど、もう、就職活動にまつわるなにもかもがイヤでイヤでしかたがなかった。いま思えば、就職活動中はずいぶん嘘をつかされた。というとまるで自分が被害者みたいだけれど。

先ほど僕は「○○ができる」のように、なにかを可能にする能力を個性とみなされたくないという意味のことをいった。これと似たようなことを就職活動中も考えていたかもしれない。

それは大げさにいえば「レンタルなんもしない人」の活動理念ということにもなるが、僕はいま、人や社会に対してなにか役に立つことができる人でなくても、つまりなにもできそうにない人であってもストレスなく生きていける世の中になってほしいと、わりと本気で思っている。それは、僕自身が肌で感じている人の価値と、社会のなかでその人が評価される価値のあいだにギャップを感じているからだ。

少し自分の話をする。

僕には兄と姉がいる。正確には半分はいた、といえばいいのかもしれない。一番年長である僕の兄は、大学受験がうまくいかなかったことがきっかけで体調を崩してうつになり、以来、一度も社会で働くことなくいま40歳を迎えている。姉はというと、彼女は就職活動にずいぶん苦労したのだけれど望むような結果が得られず、それが心の大きな負担となって、自ら命を絶った。

受験や就活の失敗は原因そのものではなく、なにかの勢いを加速させる、あるいは衰退させる引き金の一つにすぎなかったのかもしれないし、二人が不調を来《きた》したその時期が、人生において複合的にストレスの多い年頃だったのかもしれない。

いずれにしてもそれらに直面したとき、僕は学生だったけれど、自分の身内である兄や姉の価値というものが、世間的ななんらかの目的によって歪《ゆが》められたり、損なわれていると感じた。彼らが社会に対して目に見える生産性があったか、と問われれば否だろう。僕もふくめ、僕らは小さいころから大きな苦労を背負うようなこともなく、幸いにも比較的のほほんと育ったのかもしれない。それゆえか、世間が求めてくる能力に無頓着《むとんちゃく》なところがあって、その世間にさらされたとき、ひと一倍頑張らなくてはいけなくなる。

姉の社会人としてのスペックは、彼女が受けた会社にとって求めるものではなかったけれど、僕自身にとって姉はただ存在しているだけで価値があった。そのギャップが、社会的な尺度でいうなにもできなさそうな人にとって、ものすごいストレスになる。そういう世間に合わせることによって生じるストレスで人が死ぬ、あるいは本人に備わった力がどんどん弱まっていく場面を目《ま》の当たりにしたのだ。

そういう意味でも、僕自身があえて「○○ができる」とわざわざ表明することはしない。なにかができます、という世間的な価値に引きずられてアピールしてしまうと、そのもの自体の価値とズレが生じてくる。「なにかができるから価値がある」だと、既存の価値に当てはめられてしまう。だから僕は、なんもしない。

✉**今日10種類目のバイトを辞めました。もう自分は社会に出ていけないのではないかとネガティブな思考にしかならないので、これを記念にするために最初のバイト先でハンバーガーを一緒に食べていただきたいです。**

✎「10個目のバイトを辞めたので記念に最初のバイト先でハンバーガーを一緒に食べてほしい」という依頼。もう自分は社会に出ていけないのでは……という悲観的な思考を払拭したいとのこと。２人でハンバーガーを食べながら、これまでのバイト遍歴の話をひたすら聞かされた。店員を見る目が終始切なげだった。

もともと僕は「できること」より「できないこと」、「興味がある」より「関心がない」、「楽しい」より「苦しい」……つまり「自分にはこれはできない」とか「これはやりたくない」という、いわば消去法で自分の生き方を絞り込んできたように思う。というか、自分にとって許容できないものとの境界にラインを引くことで、自分というものの輪郭《りんかく》が明らかになり、本意がはっきりする。

たとえば喫茶店でレモンスカッシュを注文するようになったのも「レモンスカッシュが飲みたいから」というよりは「クリームソーダに飽きたから」という理由からだ。ネガティブな条件を俎上《そじょう》に載せることで僕の人生（という言葉を使うのはやはり大げさな気もするが）は設計されていく。そうやって未知の可能性の芽を一つずつ潰して、「できない」「やりたくない」ことから逃げ続けた結果「なにもしないで生きていく」という道に辿り着くことができた。少なくとも現時点では。

いったい世の中でどれくらいの人が、自分らしさから延長線を引き、その先にやりたい仕事を思い描き、社会に貢献できているのだろう。なにもなければ、そこから自分の夢ややりたいことをひねり出しても、ロクなことにならないんじゃないか。それに対して「できない」「やりたくない」という拒否反応はほとんど直感に近い。言い換えるなら生理的な反応であって、それに従ったほうがある意味で正直な生き方につながると思う。というか、僕が物事の善し悪し、案件の諾否《だくひ》を判断する基準は、生理的な反応がすべてといってもいいかもしれない。「レンタルなんもしない人」の依頼にしても、ほとんど生理的反応ないしは直感で受ける／受けないを決めているところがあるし、そういう生理的反応ないしは直感が最も働きやすいのは、やはり自分の嫌いなモノやコトに直面したときだろう。そうやってイヤなものから目を背けている自分のことをツイートすることで、つまり「僕はこういうのはイヤです」と表明することで、「自分はこういう人間です」という個性が浮き彫りになっていっているような気もする。

⮂

とある少年漫画に出てくる有名なセリフで「なにが嫌いかよりなにが好きかで自分を語れよ！！！」というのがある。

これは一般的には名言とされているけれど、僕はこのセリフがめちゃくちゃ嫌いだ。それこそ生理的にこういうことをいう人はダメだ。「なにが嫌いか」で自分を語ったっていいじゃないか。むしろ「なにが好きか」で自分語りをする人の話はどこか漠然としていてつまらないことが多いし、「好き」をアピールすることで自分を飾っているようにも見えてしまう。それよりも「なにが嫌いか」をはっきりいえる人のほうが、話が具体的で面白いし、たぶんその人は正直だ。あるいは誠実といってもいいんじゃないか。

✎新年会に向けて、人と一緒にご飯を食べることのリハビリをしたいので食事に同席してほしいという依頼。極度の人見知りかと思いきや〝会食恐怖症〟という病気で、特定の人を除き、人とご飯を食べると吐き気など不調が現れるらしい。同僚から食事に誘われたときの断る理由も尽きてきたそうで大変そうだった。

✉本日、不安で仕方なかった新年会を無事に終えました。いま帰り道です。先日レンタルさんにお付き合い頂いた後、上司に会食恐怖症であることを打ち明けることができ、今日は店選びなどもかなり気遣っていただけました。

✎会食恐怖症の依頼者から無事に新年会を終えられたと報告があった。僕に一度打ち明けたことで周りに打ち明けるハードルが下がり、いろいろ配慮してもらえたもよう。「あのツイート後、悩んでる方々が次々に現れて少し気が楽になった」とも言ってて、ツイッターの反響込みで効果を発揮したレンタルとなった。

消去法で生きていくことで、自分の可能性を自分で狭めているのではないかという指摘も当然あると思う。でも、僕が「レンタルなんもしない人」の仕事を始める前に可能性を潰していったのは、可能性がありすぎることに気づいたからでもある。いま思えば、可能性がある（と錯覚していた）ことに惑わされていたというか、自分にできることなんてほとんどないのに「これができるかもしれない、あれもできるかもしれない」といろいろ考えてしまい、自分はなにをしたらいいのか、自分にはなにが向いているのかわからなかったのだ。だから、可能性を狭めていくほどに自分がどうしたいのかがわかってきたし、それが極まって「なんもしない」ことしかできないという結論にいたることができた。いまのところこの「なんもしない」ことをやっておけば他者とのあいだに齟齬《そご》が生じることはないし、自分でもそれを面白がっていられるから、だいぶ生きやすい。

じゃあ、そうやって可能性を切り捨てるまで僕はどんな可能性を抱いていたのか。大学院生だったころは「研究者になる」とか「会社でバリバリ働いて出世する」とか「プライベートな時間に書いた小説が文学賞をとる」とか、あと当時は大喜利が趣味だったから「大喜利の大会に出て一躍脚光をあびる」とか、その他もろもろどうしようもないことを夢見ていた。

このなかで最も可能性が高かったといえるのは「研究者になる」ことだったかもしれない。

僕は大学で物理学を学んだあと、そのまま大学院に進み、理学研究科宇宙地球科学専攻理論物質学グループというところに所属して、地震の研究をしていた。具体的にはプログラミングで地震のシミュレーション——擬似的に地震を起こして、頻度や周期にどのような傾向があるかを統計的に分析する研究——をおこなっていた。けれど、どんなアプローチをしてもどれだけ論文を読んでも、僕には研究によっていつか地震を予知できるようになるとは、どうしても思えなかった。悲観的だけれど、それゆえに研究のモチベーションは高まらなかった。さらに地震が予知できないならいつ死んでもおかしくないのでは……という気持ちが頭をもたげてきた。誰もが漠然と似たような不安を抱くものだろうけれど、それが少し人よりも大きく、かつ具体的だったのだと思う。

そうこうしているうちに将来を選択する時期は訪れる。研究者になるにはそのまま大学院に残る必要があったし、大学院では自分より優秀な人間が山ほどいることを思い知らされたし、研究への情熱がほとばしっているとはいい難いし……などなど可能性を潰す理由はいくらでもあった。そして、そうした拒否反応、すなわち生理的な嫌悪感や戸惑いを克服してまで研究者になろうとは思えなかった。自分とはそういう人間なのだ。

🖂はじめまして。私こと、今月末で離婚することとなり、1月27日（日）に妻が出て行きます。翌日、記念にそばを食べたく、国分寺駅前の富士そばで同席していただけませんか？

「離婚する妻が出て行った翌日、記念にそばを食べるのに同席してほしい」との依頼。先日の「離婚届提出同行」の依頼を見て、自分も人生の重い節目をポジティブに活かしたく思ったとのこと。富士そばは経営方針が優しくて、こういう日には来たくなるらしい。完食後、静かに「安定の……」とつぶやいていた。

僕はいま「レンタルなんもしない人」という仕事に満足している。ということは、僕はこの仕事に向いているといえる。その理由の一つとして、繰り返すけれど、僕がそこにいてもいなくても変わらない当たり障りのない人間で、漫画やアニメでいえばモブキャラ（その他大勢のキャラクター）のような、没個性的な個性の持ち主であるからだという分析が一応は可能だ。容姿にしてもやはり当たり障りがないというか、自分でいうのもなんだが、美形でもなく不細工でもなく、威圧感やむさ苦しさといった印象を与えることもない、ニュートラルなルックスではないかと思う。

もう一つ理由を挙げるとすれば、僕が好奇心のある人間だからだろう。そう、好奇心が「強い」のではなく、ただ「ある」のだ。あるいは好奇心を向ける対象が浅く広いともいえる。たとえば一般に「マニア」や「オタク」と呼ばれる人は、ある特定の分野や作品に激しく傾倒《けいとう》し、そこに大量のお金を投下し、エネルギーも注いでいる。僕にレンタルの依頼をしてくれた人のなかにもそういう人は少なからずいたし、イベントの同行や、単に「推し」である理由を聞くために会った際、彼らからものすごい熱量を感じた。それに比べて僕は「趣味はなんですか？」と聞かれると答えに窮してしまうくらい、特定のなにかに対するこだわりがない。だけどその代わり、わりとなんでも面白がれる。だから前章で触れた「アイカツフレンズ！」という見たこともない作品のゲーム大会に出場することも、飽きることはあっても、出場することそれ自体は苦にならない。

ここまで話してきた通り、僕自身が一般的な社会貢献度が極めて低い、「なんもしない」ことを生業《なりわい》にするくらい意識の低い人間なので、次のような依頼もまったく抵抗がなかった。

✉初めまして。最近喫茶店を経営し始めました。営業時間が11〜16時なのですが、11時に来るお客様が殆《ほとん》どいなくて、開店準備のやる気が湧きません。ですので11時に来て小一時間静かにお茶をするというお仕事をお願いできませんか。よろしくお願いします。場所は新宿です。美味しいお茶かコーヒーをお淹れします。

人によっては「客商売をやっている人間としてそれはいかがなものか」と思うかもしれ

ないけれど、僕としてはその気持ちはとてもよくわかる。「お客さんが来ないのに開店準備なんて、やってられませんよね」と。僕自身も朝が苦手だし、会社員時代などは出社してしばらくやる気が起きないことなど日常茶飯事だったこともあり、いい依頼だと思った。

当日は開店5分前にもかかわらず、店の入り口には完全にシャッターが下りていてかなり不安になったが、開店2分前に店主が小走りにやってきて「依頼は本気だったんだ」と安心した。しかし、11時ちょっと過ぎに店を開けると、その日に限ってなぜか開店直後に何人かお客さんが来て「あれ？　こんなはずじゃなかったのに」という状況に陥《おちい》ってしまった。結果、「なんもしない人の存在意義がなくなっちゃったな」と少し残念がりつつおいしくカフェオレをいただいた。

⮁

✉**はじめまして、不意に人にお金を渡したくなったので、アマギフを送っても大丈夫でしょうか？**

✎はじめまして、ＯＫです。

✉ **ありがとうございました。**

✎ ありがとうございます！！！！

✎「不意に人にお金を渡したくなったので、アマギフを送っても大丈夫か？」という依頼。大丈夫に決まってるので引き受けたところ、5000円分きた。「！」を5個つけてしまった。年始から意味わからない流れが続いててありがたい。

僕がツイッターで人間らしい一面を垣間見せると、リツイートやいいねが増える傾向にある。普段は淡々とツイートしているのに、ときに感情を露《あら》わにしたり、暴言めいたことを吐いたり炎上っぽいことになったりすると「意外と人間っぽくて好きになった」といった反応も返ってくるのだ。加えて、アマゾンのギフト券や商品券といった金品をもらうと僕のツイッターのテンションが上がるところも、人間味の一環として捉えられているようなフシがある。

そして、これを「かわいい」といってくれたりする人がけっこういた。「レンタルなんもしない人」はまったくの無償でサービスの提供をおこなっているため、フォロワーの人たちには僕がお金に対して無頓着な人間に見えていても不思議はない。でも、このお金にまつわることについては別章で詳しく述べるが、誰だってお金はほしいに決まっている。そういった本音が不意に発信されることで「あ、こいつはｂｏｔ（プログラムによる自動発言システム）じゃないんだ」「生身の人間なんだ」と、ちょっとした刺激になっているのかもしれない。キャラ付けされるのを意識的に避けている一方で、どうしても漏れてしまう本音が結果的にブランディングになっているようで、それはそれでありがたい。

これといって、人に話せる特技も能力もない僕が「レンタルなんもしない人」というサービスに向いているのは、これはいわば外的な要因になるのだが、妻と子供がいることも非常に大きい。要するに、依頼者側としては「家庭を持っている人間なんだからおかしなことはしないはずだ」「きっとヤバい人ではないのだろう」といった安心感が得られるようだ。実際にそういってくれる依頼者もいたし、僕自身も折に触れて「35歳、妻子持ち」という情報をツイートすることにしている。

まあ、正直にいうと始めたころは「ひょっとしたら女性に言い寄られてしまったりするのかもしれない」と、不安とも期待ともとれる気持ちを抱いた瞬間もなくはなかったが、幸か不幸かそういったことは一切ない。ただ、一度だけＤＭでいきなり「エッチしよ」と誘ってきた人がいて、僕が「既婚者なので不貞行為になることはお断りしています」と返信したら「それならなんもしないじゃなくて働けよとマジレス」と説教されて釈然《しゃくぜん》としない気持ちになったことはある。

ついでにいうと、「自慰行為を見てほしい」というような依頼が来ることもちょっとは予想していたが、いまのところはない。ただ、自慰行為の見守りはないけれど「オフパコ（ネット上で知り合った相手とオフラインでセックスすること）の現場を見てほしい」という依頼はあった。「なんもしない」という観点から見れば依頼自体はセーフではあるものの、さすがに妻に相談したところ「気持ち悪いからやめて」といわれたのでお断りした。

✎こないだ「レンタルなんもしない人」をオマージュして「レンタルめっちゃする人」という名前で活動してる人と会ったんですが、日雇いバイトの依頼しか来なくて早々に廃業したそうです。

僕が2018年の6月にこのサービスを開始した直後から、類似のサービスをツイッター上で告知する「レンタル○○する人」みたいなアカウントが現れては消え、現れては消えを繰り返している。その好例が「傾聴」や「聞き上手」を謳《うた》い、人の話を否定せずに聞くといったサービスだ。僕としては、自分の模倣者（本来であれば「フォロワー」という言葉を使いたいところだが、それだとツイッターのフォロワーと混同される恐れがあるので）が現れていること自体には新鮮味を感じていたが、一方で違和感も抱いていた。それをあえて言語化するなら「なんか、いいことしようとしてない？」みたいな感情だ。別の言い方をすれば、若干の偽善的な感じ、どこか押し付けがましいのだ。ちなみに、「聞き上手」を売りにしているアカウントがあることを僕の奥さんに話したら「自分で自分のことを『聞き上手』だといってる人はイヤやわ」とバッサリ斬っていた。僕も概ね同意するところではある。

それに、いま僕は「自分の模倣者」といったが、「聞いてあげますよ」という能動的なスタンスは、じつは「レンタルなんもしない人」のそれとは相容れないし、そもそも「聞く」という時点でもう「なんかしてる」のだ。それは、僕が「なんもしない」というゼロの領分を先取りしているがゆえに、模倣するにしてもそこにアレンジを加えなければならなくなっているというのもある。しかし、なにかサービスを付加した時点でもはや「なんもしない」とはまったく別物だ。世の中のあらゆるサービスや仕事というのはすべて「なにかをする」ことが前提にあるわけで、それを覆したところに「レンタルなんもしない人」の新奇性があったのに。

前述した通り、僕の「なんもしない」活動のなかで「話を聞く」というニーズはそれなりに高い。ただし僕は、ややテクニカルな言い方になるが、「なんもしない」の範疇であれば「なんでもする」のであって、「話を聞く」というのはその「なんでも」のうちの一つにすぎない。だから数ある「なんもしない」から「話を聞く」だけ切り取った、「話を聞くだけの人」とは根本的にやっていることがズレてもいるのだ。その意味ではじつは模倣者ですらない。

なかには単純に「なんもしない」ことを踏襲するかたちで真似をしたアカウントもあった。しかし、口幅《くちはば》ったく聞こえるかもしれないが、見ている限りそのアカウントのなかの人自身が魅力的な人物には見えてこない。要は面白いことを発信していないから魅力を感じないし、会ってみたいとは思いにくい。逆に、それこそプロ奢ラレヤーさんのことを初めて知ったときは「きっとこの人はすごい体験をしてきたのだろう。会ってみたい」と素直に思ったし、「プロ奢ラレヤー」というあり方自体、いままで誰も発想しなかったことだ。それを実行に移せる人だからこそ、普段の言動も面白くて注目されたのだろう。というか、僕自身もいってしまえばプロ奢ラレヤーさんの模倣者なのだ。

誰もがなにかをし続けている。人との差異にこそ名前が付けられ、役割が与えられるいまの世の中で、なにもせずにい続けた僕に相対的に個性が生まれた。なんともややこしい。

✉キリスト教会で働いています。一度レンタルなんもしない人さんに日曜日の礼拝にお越し頂けないかなと思いました。ほとんどの方は平日他のお仕事なり学校なりをして日曜日に教会にいらっしゃる訳ですが、私は職場も礼拝も全部同じところになってしまって自分の人間関係の狭さに少々参っています。礼拝にいつも面白いなぁと思って見ている方が来てくださったら私が面白いなぁと思ってちょっと楽しい日を過ごせるかなというそんな動機なんですが……お越しいただいて、簡単な受け答えをしてくださったら私は満足です。よろしければご検討ください。

✎「教会の礼拝に来てほしい」という依頼。教会に勤めているため職場も礼拝も同じ場所で、人間関係の狭さに少々参ってるとのこと。受付で「この人はレンタルなにもしない人さん」と紹介してもらったものの「なにもレンタルしないってことだけど、聖書はお貸ししますね？」といわれ理解されてない様子だった。

とある日の、レンタルなんもしない人。

こんな風にして、なんもしない人の一日は過ぎていきます。

9:30

待ち合わせ

渋谷駅南口モヤイ像前。大部分が初対面なので駅やランドマークで待ち合わせることが多い。

依頼 1

9:45

鉄棒の練習を見守ってほしい @渋谷

今年から小学校教師となり、体育で苦手な鉄棒を教えるのに苦労しているとのこと。学校では他の先生の目があり、公園で子供たちを優先しつつの練習となった。無事に終わり、ついでに隣のブランコに乗った。吹っ切れた様子。

11:00

昼食

この日は次の依頼まで時間がなく、ツイッターのダイレクトメッセージ(DM)の返事をしつつおにぎりで軽く済ませる。

依頼 2

12:00

将来についての話を聞いてほしい @浅草橋

音楽業界に身を置く依頼者。身の振り方で岐路に立っているという。「移籍が多く、同業者だとどこでつながっているかわからないんで」とのこと。“なんもしない人”が他人の将来をとやかく言えるものではないのでただ聞く。

依頼
3

14:00
一緒にお花見をして
お弁当を食べてほしい
@光が丘

手料理を食べてほしいというリピーターの依頼。前回同様、お土産としておかずをもらった。家でおいしくいただこう。

移動時間にDMへの返事。

依頼
4

16:30
お詣りに付き添ってほしい
@恵比寿

一家で海外に転居するため、日本の最後の思い出として家内安全祈願に立ち会ってほしいとの依頼。見守ったあと自分も家内安全を祈る。

帰ったら洗濯しなきゃ

18:00
帰宅

3　距離を縮めない

それでも孤立させない

✉おもしろい彼女なのですが友達には話しづらく、レンタルさんに聞いていただくことを思いつきました。たまに「かわいい人ですね」と適当に相槌を打っていただけると、より嬉しいです。

✎同棲中の恋人との惚気《のろけ》話をきいてほしいという依頼。「おもしろい彼女」とあるが、依頼者も女性だった。同性愛者であることを知ってる人は周りに少なく、あえて伝えてから話しても悪気なく地雷を踏まれることがあって話せないらしい。「なんもしない人は地雷も踏んでこなさそう」と依頼に至ったそうです。

「レンタルなんもしない人」の仕事を始めてから、世の中には話したいけれど話せないことがこんなにもたくさんあるのだと驚いた。本来であれば電車の座席で向かい合う人や雑踏ですれ違う人くらいの接点しかなかったであろう人が、僕と行動をともにするあいだかくもディープな話を聞かせてくれる。

第1章で、依頼のなかには「話を聞いてほしい」というものも多いのだと、少し話した。そこでは僕はほとんど相槌しか打たないということも。これは「話を聞いてほしい」という依頼案件に限らないのだけれど、僕をレンタルして好きなバンドのライブに行く、ドラッグストアを巡る、カラオケについて行く……そんなときにも、道すがら依頼者は自分の仕事や趣味、日常生活で思っていることなどの話を始める。沈黙が続かないよう、僕のことを気遣ってくれてもいるのだろう。僕からすれば、そんなふうに自分語りを始める依頼者たちは、（やや気恥ずかしい表現になるが）ちょっとした舞台に上がったように見える。街中や移動する車中、どこにでもある風景のなかだけれど、その瞬間は彼らにスポットライトが当たっているようにも思える。些細《ささい》な身の上話ですら、ある種の物語を聞かせてくれるように感じるし、つい話に聞き入って、気がつくと目的地に到着していた、といったことも少なからずあるのだ。舞台に上がる依頼者たちは、本物の舞台に立った役者さながらの魅力をまとって見えることがある。

これまで友人、知人たちに対して、そんなふうに感じたことはなかった。僕なりに考えてみると、たとえば友達同士だと、なんとなく時間を持て余しての雑談だったとしても、自分のことだけ話し続けたり、内面を無闇にさらしてはいけないとセーブしてしまうところがあるのかもしれない。相手にも花を持たせるというか、話に耳を傾けたり、「最近どう？」と話を振ってみたり。お互いの出し具合が均等になるように微調整を続けて、関係を保っていく。

一度きりの関係の他人だからこそ、衒《てら》いなく舞台に立てるのだとしたら、そこには他者との関わり方において、新しい可能性があるようにも思える。

「話を聞いてほしい」以外にも、「離婚届の提出に付き合ってほしい」「引っ越しをするので新幹線のホームで見送ってほしい」「マラソンのゴール地点に立っていてほしい」「病院へお見舞いに来てほしい」など、普通だったら近親者が担いそうな役割を演じることを頼まれるケースも少なくない。まったくの他人である僕に、依頼者たちはなにを期待しているのだろうか。

⤶⤷

「話を聞いてほしい」という依頼において、その「話」の内容とは俗にいう「人にいえない話」であることが多い。なかでも人にいえない度合いが高そうなものの一つとして、よく覚えている依頼がある。

その依頼者は「誰にも話したことがない自分の生い立ちの関係でいま悲しい思いをして

いるが、誰にも話せずつらいので聞いてほしい」という内容のＤＭをくれた。依頼者の話を聞く際、喫茶店などを利用することもあるが、秘匿《ひとく》性の高い話の場合は依頼者の自宅にお邪魔することもままあり、このときもそうだった。暮れも押し詰まり、世間的にはクリスマスムードが漂う12月後半のことだった。

自宅に招かれてから、しばらくお酒を飲みながらとりとめのない話をしていたところ、依頼者としてはどうも踏ん切りがつかなかったようで「依頼の件なんですけど、ちょっと今日は無理そうな気がします。まだ自分のなかでは終わっていない問題なので……」と申し訳なさそうにいった。僕は「了解です」と返事をした。

気がつけば、依頼者の家にお邪魔してからすでに4時間くらいが経過していた。ほどなくして、もうぼちぼち帰ったほうがいいかもしれないなと腰を上げかけたとき、依頼者は「ロシアにはけっこういるみたいなんですけど……」と切り出し、かつて自分がオウム真理教の信者だったことを告白した。

依頼者は幼少期に親の影響でオウムに入信し、１９９５年に教祖の麻原彰晃（本名：松本智津夫）が地下鉄サリン事件の首謀者として逮捕されたことなどをきっかけに脱会。その後、オウムの後継団体に一時所属していたが、いまではそこからも完全に脱会し、一般企業で働いているとのことだった。

なぜ自分がオウムの元信者であることを明かしたのかというと、2018年7月6日に麻原と元教団幹部ら計7人の死刑が執行されたことについて、自分のなかでまだ納得がいっていないからだという。実際、「麻原さんは(地下鉄サリン事件をはじめとする一連の事件に対して)直接的な指示は出していないと思っている」「本当のことを本人の口から聞きたかった」「死んでしまったらもう真実を聞くことはできない」と、死刑執行に対してやり切れなさを抱えているようだった。依頼者曰《いわ》く、教団の人たちはみな親切で優しかったらしく「井上(嘉浩)さんにはよくしてもらった」といったことを、当時を懐かしみつつ、しかしやはり悲しそうに語っていた。

たしかにそれは誰にもいえないだろうし、つらいだろうなと思った。さらにその依頼者は、自分は元オウム信者という素性を隠して生きていくために改名もしているけれども、社会で普通に生きている人たちは「私は○○大学出身で、サークルでは△△をやっていて、いまは□□という会社で××の仕事をしています」といった、誰もがほぼ無意識レベルでおこなっている自己紹介みたいなことを迷いなくいえるのが羨ましい、とも話していた。「自分は自分のことを人にどう説明すればいいのかわからないし、経歴を偽っていることに対する後ろめたさもある」と。子供時代の思い出や、かつてどんな土地で過ごしたのか、どんな人間関係のなかで育ったのか……依頼者にはいまの自分を成り立たせている、他人に紹介できる過去がないのだ。

このとき、じつは僕は相槌を打つのに徹していたわけではなく、この依頼者の話に関心を持ってしまっていくつか会話のやりとりをしたりもしたし、そこから派生した話題がそこそこ盛り上がったのを覚えている。それはたとえば「宇宙」や「魂」についての話で、たまたま僕もそのあたりの話題に興味があったのだ。いえなかった依頼者の素性の話が始まったのは、トータルで約5時間滞在したうちの最後の1時間くらいから。だからその時間は普通に会話を楽しんだ格好になる。

これは「なんもしない」に反するのではないか、もしくは「簡単なうけこたえ」の範疇《はんちゅう》に入らないのではないか、と疑問に思う人もいるかもしれない。そもそも「なんもしない」かそうでないかは僕の主観で決まってくるため、その線引きは極めて曖昧《あいまい》だということは前にも話した。「簡単なうけこたえ」にしても同様で、あえて基準を設けるなら「ある相談に対して回答や助言を求められるような場合」はその適用外ということになるだろうか。

今回のケースだと、もし仮に依頼者が「私はオウム真理教の元信者であることを隠して生きるのがつらいです。どうすれば楽になれますか？」といった類いの質問をしたとしたら、それに答えることはできない（というかそんなの僕にわかるわけがない）。でも、「宇宙に興味があるんです」といわれれば「あ、僕も興味あります」と普通に乗っかる。依頼者の悩みや相談から離れたところで、自分の興味の範囲内の話題であれば、相槌を超えた具体的な返答も「簡単なうけこたえ」に収まると思っている。

あるいは、依頼者の話を受けて反射的に自分の頭に浮かんだことがあれば、それを伝えることもある。逆にいえば、あらかじめ頭のなかで考えを整理しなければいけないような「うけこたえ」は、僕にとっては「簡単」ではないということだ。

以前、僕は以下のようなツイートをしたことがある。

「人に言えない話をきいてほしい」という依頼者。知人や〝おっさんレンタル〟に話したこともあるそうだが、人間関係や金銭を介して相談すると「よし私がなんとかしてやろう」的に何かしらの爪痕《つめあと》を残そうと余計なことをされ、それが「相談する側とされる側」の上下関係も生み、いたたまれなかったらしい。

このツイートに対し、フォロワーの人からこんな反応があった。

他者の介入で改善される場合より悪化する場合もあるので〝現状維持〟をしている方には、「よし解決しましょう」は「場をかき乱します」と同義になるので、なんもしないひとが聞いてくれるだけなのが助けになってそうです。

おっさんレンタル始めたばかりですが、「解決しようとしない」というスタンスが大切だと感じています。

特に僕がなにか付け加えるまでもなく、けっこうちゃんとした分析だと思った。この「聞いてくれるだけ」という点に関して僕は「相槌が上手」と褒《ほ》められることがたまにあるが、自分ではその自覚はない。むしろ、ツイッター上で「話しやすいけど相槌が少し食い気味」と指摘されたことがあるくらいだ。投稿者は冗談めかしてつぶやいていたが、たしかに思い当たるフシはある。人の話をたくさん聞いていると、相手が次になにをいうかがわかってしまうことがわりとあるのだ。だから相槌が食い気味になってしまうのだが、この指摘を受けて以降、少し相槌を待ちがちにはなった。

さて、先の元オウム信者の依頼者と同じくらい、重たい「人にいえない話」もあった。僕がツイッター上で公表した依頼文はこういうものだった。

🔁

✉**自分以外の生物がいる状態の自分を確認したく、6時間〜1日くらいレンタルさせて頂きたいです。ご検討お願いいたします。**

一人暮らしが長すぎて自分の生活空間に他者がいる感覚がわからなくなったから、ある程度長い時間、自宅に滞在してほしいというわけだ。じつはこの依頼文には続きがあって、そこには「自分は素性を隠して生きているので、誰にもいえない話を聞いてほしい」という一文が添えてあった。

まず、「自分以外の生物がいる状態の自分を確認したい」という目的に関しては達成されたというか、依頼者にとってけっこういい変化があったようだ。たとえば「自分の味覚はおかしくないことがわかって安心した」と喜んでいた。

この依頼者はかなりたくさんお酒を飲む人で、作り置きしてあった自家製のチャーシューやキムチ、それからその場でささっと作ったタコと三つ葉の和え物といったおつまみ的な料理を僕に振る舞ってくれたのだ。どれもおいしかったので、一つ食べるたびに僕が「おいしいです」と伝えると「あ、よかった」と顔がほころんだ。ちなみにお酒は依頼者の家にある小型の冷蔵庫にびっしり詰まっていて、「ここから勝手にとって飲んでくださ い」という感じで、午前中に待ち合わせてから、手料理をつまみながら6時間半は依頼者宅に滞在したと思う。長居した甲斐あってか、依頼者は他人がいるときはトイレのドアをちゃんと閉めるという感覚もひさびさに思い出したらしい。

そんなふうに和やかに雑談しつつ飲み食いしていると、依頼者は「ついで」のような感じで、誰にも話せずにいる自分の生い立ちについて語りはじめた。十代のころ、少年院に入っていたという。僕は例によって話を聞きながら適当なところで相槌を打っていると、しばらくして「人を殺しちゃったんですよね……」とつぶやくようにいった。

その依頼者は、会ったときの第一印象も、自宅で話しているときの印象も「お医者さんかなにかの専門職かな？」と思うくらいきちんとした、いってしまえば社会的に成功していそうな人だった。

「そんな人が過去に人を殺したことがあるって、すごいな」

「仕事もできそうだし料理もうまいのに、とんでもない闇を抱えているんだ」

というのが、そのときの正直な感想だった。あるいはその意外性に「感動した」といってもいいかもしれない。

そしてこの一件を経て、僕は他人を見る目が少し変わった。一見すると角がまったくないような人でも、じつはめちゃくちゃ尖《とが》っているということがあり得るのだと。

⮂

「そういう重い話を聞くと、それに引きずられて精神的につらくならないですか？」

と、よく聞かれる。正直、僕としてはそういう感覚はまったくない。むしろ、あまりに頻繁に同じ質問をされるので「え、みんな重い話に引きずられて精神的につらくなってるの？」と逆に聞きたくなるくらいだ。

これをいうとちょっと人間性を疑われるかもしれないけれど、僕が依頼者の話を聞いているときはだいたい「これはツイッターに書いたら面白いな」とか「よっしゃ、いいネタが入った」とかそういうことを考えている。たぶん、自分は普通の人よりドライな性格をしているというか、他人の感情にあまり左右されないのだ。だから相手にシンクロすることもないし、この活動に向いているんだろうなと思う。「傾聴」のポイントが相手に寄り添う、シンクロすることにあるとしたら、僕はやはりそうではない。

あるいは、僕が依頼者の重たい話を聞いてもその重さに引きずられないのは、ひょっとしたら僕があまり想像力を働かせない人間だからかもしれない。想像力を働かせることは僕にとってある程度負荷のかかる行為なので、あえてしないようにしている。どれだけ想像力を働かせても、他人のことはどうせわかり得ないのだから。

他方で、そんな僕が、余計なことをいわずにただそばに座っている（あるいは立っている）ことで、依頼者側は「僕がなにを思ってそこにいるのか」を自分に都合よく解釈できるのではないか、といわれたこともある。僕の思考が完全に伝わっているわけではないから、依頼者は思い込みや前後の文脈で勝手に補完し、イメージを作り上げている。自分が悲しいときには慰められているように感じ、嬉しいときには一緒に喜んでくれているように感じる。同意され、理解されたと感じることで、聞き手が赤の他人であっても自分の存在がたしかなものになるのかもしれない。反対に、僕が口を開いて話し続ければ、そのぶん、僕のリアクションに対して相手の想像の余地はなくなっていくだろう。

あまりそういうことは考えたことがなかったけれど、僕は基本的にどこをどう打たれても響かない人間だけに、逆にどんな打ち方をしてもいいような感じがあるのかもしれない。依頼の内容が多様であることがそれを裏付けてもいる。

少し極端な喩《たと》えかもしれないけれど、自然界の生物には、クジャクやモルフォチョウ、タマムシなど、それ自体は特定の色を持たないが、光の当たり方でさまざまな色に見える〝構造色《こうぞうしょく》〟という仕組みを持つものがいる。その物理的な構造によって光が屈折したり干渉したりするので、色素がないのにあたかも色があるように見えるのだ。レンタルなんもしない人も、それ自体には色がなくて、見る人の波長によって、もしくは見る角度によって形や色が変わる、タマムシみたいな存在なのかもしれない。

「本当に、心底つまらない、もしくは不愉快な人と同席・同行することになった場合、途中で帰りたくはならないんですか?」みたいなこともよく聞かれる。時給などの報酬をもらうわけでもなく、いわば本来なら自分の自由にできる時間を拘束されるわけで、それなら話が合いそうな相手だったりとか、自分になにかしらのメリットを一般には期待するからだろう。でも、基本的に依頼者と僕の二人しかいない場では、途中退席することは考えていない。ツイッター上では「気分次第で帰ることもある」というスタンスではいるけれど、一対一の場面で自分から席を立つということは、相手とどんな関係性であっても負担が大きすぎる。つまり、僕が相手に配慮しているからではなく、あくまでもそのストレスによるところが大きい。逆にいえば、依頼を途中で切り上げるという多大なストレスを克服し、かつ行動しなければならないほど不快感のある依頼者というものは想像できないし、現時点では会ったこともない（そこまでの不快感は依頼文を読めばなんとなく察せられるので、そもそも引き受けていないだろう）。

ただ、これも「レンタルなんもしない人」という一回性の条件だから成り立っているのかもしれず、学校や仕事で毎日顔を合わせる間柄だったり、身内だったり、連続する関係を持つ相手だと、話は大きく変わってくるだろう。そう思っているのは僕だけでなく、依頼者のなかには同じように考える人もいたのかもしれない。レンタルしたあとの感想をみんながくれるわけではないから、互いのことはわからないけれど。

✎こないだ依頼終わったあと依頼者が「楽しかったです。私、楽しくても全然楽しそうに見えないみたいで、よく心配されるんですけど、めちゃくちゃ楽しかったです」と言ってた。僕も飲み会とかで普通に楽しんでるときに「全然しゃべってないけど楽しんでる？」とか言われるほうなのでシンパシーを覚えた。

✎愚痴を聞く依頼のとき「くだらない話なんですけど……」と切り出されることが多い。傍目《はため》には大したことなさそうな悩みは、人に言っても一笑に付されそうで、遣り場がなく抱え込んでしまうということがあるらしい。明らかな不幸ももちろんつらいが、地味で些細な不幸にも特有のつらさがあるのを感じる。

つまらないといえば、「人にいえない話」をするにあたって、「つまらない話なんですけど……」と前置きする人もけっこういる。だからといって本当につまらない話であることはあまりない。

たとえば好きなバンドや好きなアニメの話をしたいけど、マニアの人に比べるとそこまでの情報はない、でも誰かに聞いてほしくて……という理由で依頼がある場合など、客観的に見て「なんでこれが人にいえないんだ？」という話もなくはない。想像するに、誰かに自分の好きなものや人について話したい、という気持ちを発散したいのだろう。コアなファンならではの視点もないから聞き手のメリットもなく、人にいいづらいそうだ。自分もその気持ちはわかる。僕はスピッツが好きで、アルバムを全部制覇しているわけではないけれど、いかに好きかを語りたいときがある。でも、いざ誰かに語ろうと思うとやはり尻込みしてしまう。

抽象的な言い方になってしまうけれど、友達同士で会話をするとき、その話の内容には一定のスケールないしは正解があって、その範囲内でしか会話が成立しないようなイメージがある。

　これは僕がいろんな依頼を受けていくなかで気づいたことでもあって、たとえば「アイドル」や「ゲーム」といった趣味嗜好でつながっている友達との会話では、その趣味嗜好に沿って、それらにまつわる情報を交換することなどが一つの正解であって、そこから少しでも外れてしまうと興がさめてしまうおそれがある。と、それぞれの話者は程度の差こそあれ、意識的にも無意識的にも感じているのではないか。

　その外れた話が文字通りの「つまらない話」だったら冷ややかな目で見られるかもしれない。逆に誰にもいえないプライベートな重い話だったら、「いや、趣味の話がしたいんだけど、いきなりなんなの？」と引かれ、なおかつその場の空気も変わってしまうかもしれない。だから自分をセーブする必要があって、ときにしたい話ができない状況に陥る。それを吐き出すのに、『王様の耳はロバの耳』に出てくる葦《あし》としての「レンタルなんもしない人」はちょうどいいのだろう。

では、「人にいえない話」を僕にした依頼者は、話し終わったあとにどんな反応をするのか。一概にはいえないが、典型的なのは「すっきりした」「話してよかった」「楽しかった」といった好意的な反応だ。先の元オウム信者の依頼者や、過去に罪を犯したことのある依頼者のケースはこちら側に入る。

一方で、「やっぱり人に話したところで問題が解決するというわけでもないですね」という人もいる。そのうえで、僕に気を遣ってか「でも、話せたこと自体はよかったです」と付け加えてくれる人もいる。そもそも僕は「なんもしない」ことを謳《うた》っているので「ぜんぜんスッキリしないぞ！　どうしてくれるんだ!?」みたいなクレームを入れてくる人はいまのところいない。

大別すると積極的に喜ぶ人と依然としてモヤモヤが残る人とに分けられるわけだが、後者に当てはまる人は、（あくまで僕の印象だけれど）やっぱりどこかでアドバイスを求めていたと思う。でも、再三いっているように、それに対して僕はなんら力になれない。あるいは依頼者以外の人から「抱える悩みを言語化することで、当の本人は一層深刻に受け止めてしまうのでは？」と聞かれたこともあるが、そういう印象を受けたことはない。ただ、比較的それに近いといえそうなケースがあるとしたら、こんな依頼だ。

✉先約が無ければ、12月19日（水）に成田空港で迎えてくれますか？　留学先へ出発する日の早朝、大好きなおばあちゃんが他界してしまい、お葬式へ行くことができませんでした。日本に着いたらやっとお墓参りが出来るので、空港に着いたら寂しい気持ちになっていると思うので、誰かが手を振って迎えていてくれたら心強いなと思っています。

✎こういう依頼で成田空港の到着ロビーまで依頼者を出迎えに行った。会ったことない依頼者を瞬時に認識して出迎えるのは難しかったが、わかりやすい格好をしてくれてたおかげでなんとか見つけて手を振れた。精神面はよくわからないが、到着後のいろんな手続きの間の荷物番として実用面で貢献できた気はする。

そして、出迎えのついでに依頼者が「歌いたい」、そして「おばあちゃんの話を聞いてほしい」というのでカラオケボックスにも同行した。依頼者はひとしきり歌ったあとで、おばあさんのことを話し始めた。おばあさんの家には巨大な冷蔵庫が2つあり、どちらの冷凍庫にもありとあらゆるアイスがぎゅうぎゅうに詰め込まれていて、おばあさんはそれらを「いつでも好きなだけ食べていいよ」といってくれた、めちゃくちゃ優しい人だったたそうだ。「おばあちゃんのお葬式に出られなくて悲しかったとか、そういう暗い話を久しぶりに会う友達にするのはイヤだ」とも話していた。出迎えを友達に頼みづらいというのは僕にもわかる。おそらくは前にも触れた「人に悩みを相談すること＝その人に弱みを握られること」という僕の持論に重なる部分もあるんじゃないかとも考えられる。

この依頼者は、空港に着いたときも、僕と一緒にカラオケボックスに向かっているときも、そしてカラオケで歌っているときも、まったく寂しそうな表情は見せなかった。けれど、おばあさんの話をし始めると、徐々に感情が昂《たかぶ》っていった様子で、ついには目をうるませていた。言語化することで、おそらくおばあさんの死を改めて認識し、悲しむべきものとして受け止めることができたのだろう。

もちろん自分がオウム真理教の元信者であったことを告白することと、大好きだったおばあさんとの思い出話をすることを同列にはできない。でも、誰にも打ち明けられず一人で抱え込んでいたことを他人に話したとき、その人のなかに溜まっていたわだかまりみたいなものが霧散していくこともあれば、逆に深く刻まれることもある。それはその人個人のなかにある問題なので、当然、どちらに転ぶのかは僕にはわからない。

一つ付け加えると、正直な話こうした依頼者たちの依頼内容は面白かったけれど、僕が同じ立場だったら、おそらく誰かにそばにいてほしいとは思わないだろう。

　これは別に依頼者の気持ちを軽んじるとか、否定するとかそういうことではない。普通の付き合いでは、相手のことが大事だからとか、共感したからそばにいるということはよくある。反対に、相手に共感したり気持ちを慮《おもんぱか》れなかったら、そばにいるのはしんどい。相手が必要としている会話がわからないから気まずいし、どんな言葉をかければよいか戸惑うこともあるだろう。でも僕は「なんもしない人」である限り、慰める必要もないし、共感が求められることもない。僕が存在することによって、たぶんわずかながら相手が助かるだろうな、と思う気持ちが自然に湧いたから受けただけだ。

　これらの事例に限らず、すべてにおいて賛同できる依頼でなかったとしても、依頼者が本当に切実であるならば、僕は自分の役割としてそのまま受け止めている。

　本来なら近親者が担う役割として、わりと上位にきそうなものに「お見舞い」がある。

✉ **はじめまして、こんばんは。**

あのー私入院していまして。
お見舞いきてくれません？
もう1か月近くも入院してるのに、家族が誰も1度も面会来ないんですよー。
別に本名とかバレてもどーでもいいんで、適当にレンタルさんの分のお弁当持ってきてくれたら、交通費と弁当代出します。

これはずばり「お見舞いに来てほしい」という依頼だ。ただ、この依頼者は特殊な事情で特殊な環境にある人なので「お見舞い」という普通名詞で片づけられない気もするのだけれど……。

その事情をざっくり説明すると、依頼者は薬物の大量摂取による自殺未遂で搬送されたため、病室は閉鎖病棟にあった。病室での自殺を防止する目的からスマホの充電ケーブルやイヤホンを含むコード類を一切置けないので、ネットサーフィンやSNSをする時間も制限され（スマホを充電する際は看護師に預けなければならない）、テレビも見られずヒマらしい。なおかつ依頼者のご家族は遠方にお住まいでお見舞いに来るのが難しいとのことだった。ちなみに依頼者は女性だ。

僕が病室に入ると依頼者はすぐさま「サインください」といってきたが適当な紙がなく、

病室にあった「入院のご案内」に書かされた。とりあえずヒマつぶしにやり始めたオセロで大勝してしまい少し心配したが、その後、依頼者のお気に入りのブランド（薬物をデザインモチーフにした「BLACK BRAIN clothing」というやつ）をウキウキで紹介していたし大丈夫そうだった。その日、依頼者が着ていたTシャツも同ブランドのもので、胸にプリントされた写真はデザイナー自身が薬物の過剰摂取で搬送される様子を自分で撮影したものだそうだ。「撮影できるくらい意識はハッキリしてる」と経験者は語った。

正直、このときは依頼者の置かれた状況や「閉鎖病棟ってこうなってるのか」みたいなことばかりに気をとられて、僕自身はあまり「お見舞いしている」という自覚はなかった。それでも、依頼者にとって赤の他人である僕のおこなった行為は客観的に見て「お見舞い」として成立していると自分では思っている。

というのも、依頼者にはいわゆる躁うつ病（双極性障害）の症状が出ていたそうだが、逆にいえばメンタル的に躁うつが繰り返される状態にあるというだけで、体は不自由なく動かせていた。要するに、問題は依頼者にとって入院生活がヒマすぎることであって、その有り余る時間の一部を「レンタルなんもしない人」という存在で埋めることができたのだ。ヒマつぶしの役には立てたはずだと思っているし、見たところ依頼者も満足そうだったことはたしかだった。そういう意味では、相手の病状や精神状態にはよるけれど、「お見舞い」に来る人は必ずしも近親者でなくてもいいのかもしれない、というのは発見だった。

思うに、入院している人は僕の想像を遥かに超えるレベルでヒマを持て余しているのだろう。しかも、先ほど説明した通り、この依頼者の病室にはテレビもなく、スマホを触れる時間も限られている。もはやヒマ地獄だ。僕にとって「ヒマ」というのはどこかのほほんとしたイメージだったけれど、この依頼を経てそれが大きく覆った気がする。

なお、この依頼には後日談があるというか、僕は普段の依頼ではあまりしないのだが、このときは自分からリピートを申し出たのだ。「また来てもいいですか？」と。それは先述した通り僕の行為が「お見舞い」として成立していたという確信があった、つまり自分が再訪しても絶対に迷惑になることはないと思ったからであり、僕にとってそういった確信を抱くのは稀なことだった。それプラス、もう一つの特殊な状況として、その再訪の際にテレビの同行取材が可能かもしれないという事情もあった。

じつは、1度目のお見舞いのときもテレビカメラが同行する予定があったのだが、その日はたまたま病院の院長先生がお休みで撮影の許諾をもらいにくい状況だったため、テレビの制作スタッフ側があきらめたのだった。だから、2度目のお見舞いを打診したのは僕が「テレビの取材がOKかどうか確認をとりやすい、院長先生のいる日にまた行きたいな」という気持ちになっていたというのもある。

それは紛れもなく下心ではあるけれど、僕がリピートを申し出た最大の理由は、この「お見舞いに来てほしい」という依頼を僕自身が楽しめたからだ。ヒマつぶしが非常に困難な状況下で、特殊な経験を持つ人の話を聞くのは面白かった。僕がリピートを申し出ると、依頼者は「また来てくれるんですか？　ぜひぜひ！」と喜んでくれた。まあ、このときは依頼者が躁状態だったので、なにをいっても喜ばれたのかもしれないけれど……。せっかくなので2度目のお見舞いをしたあとの僕の一連のツイートも貼っておく。

✎今日リピートでまた行ってきた。前回の反響が大きく、依頼者のアカウントにもたくさんのDMが届いたとのこと。励ましの内容から「慶大病院ってどうですか?」「大部屋あいてますか」といった問い合わせまでいろいろ来たらしい。本人すらまだ見てない入院費の請求書をなぜか見せてくれた（お手頃だった）。

✎反響の大きさもあってか激しい躁転がきたらしく、夜は一睡もできず翌日もフラフラで、主治医からSNSを禁止されたらしい。「知らない人と会うのもダメ」と言われたそうだが僕は1回会ったしOKらしい。躁転中、入院前に住んでた部屋を勢いで解約、次の物件の契約まで済ましたそうで、躁って凄いなと思った。

✎ここには軽々しく書けないような、人生における大きな決断もしたらしく、主治医の先生が「あんななんもない空間でよくぞこれだけ暴れてくれたね」と呆れ切ってたという話が面白かった。閉鎖病棟でもインターネットさえあれば大暴れできるのを知った。

お見舞いとは少し違うかもしれないが、70歳くらいの依頼者から以下のような依頼を受けたことがある。

✎今日の午前中は「弟と一緒にいてほしい」という依頼で介護施設にいた。いわゆる老人ホームみたいなところだけど、その弟さんは（詳しくは聞いてないが）事故でマヒが生じたようで、僕の親より若く、普通に会話を楽しめた。次はなぞなぞ2個と笑い話2個用意してくるよう言われたので誰かなぞなぞを……

弟さんは施設で寝たきりに近い生活を送っていたけれど、意識ははっきりしているし、ごはんも毎日おいしく食べているとのこと。逆に、体に麻痺が残っていることを除けば元気な状態だから、そのぶんヒマを持て余しているという。そこで依頼者から「弟は話をするのが好きだから、その話を聞いてやってほしい」と頼まれた。

老人ホーム的な施設に抵抗がないわけではなかったが、「ツイッターで発信できる」という下心もあり「1回くらい行ってみてもいいかな」と引き受けた。しかし、やはり職員の人たちの目が気になったりと、僕にとってはストレスを感じる場所ではあった。施設の前で依頼者と待ち合わせをし、そのまま弟さんの部屋まで連れていってもらったが、ほどなくして依頼者は席を外し、その後数時間、僕は弟さんのベッドの横に座って一緒に過ごした。

弟さんはかつて旅行会社で添乗員をしていたため、年がら年中海外を飛び回っていたそうだ。そういう仕事をしていたからいろんな国のいろんな話がものすごく蓄積されていて、それを誰かに話したいけど相手がいない。おそらく兄である依頼者にもよく話を聞かせていたのだと思うけれど、事情は知らないがなかなか都合をつけづらくなっているようだった（あるいは、兄弟では改まってそういう話はしづらいのかもしれない）。

例によって僕は相槌だけ打ちながら、弟さんが経験したいろんな国のいろんな話を面白く聞いていた。しかし、最後のほうは沈黙が続く場面もあったりして「……なぞなぞでもしますか?」という感じになり、そこからは弟さんの繰り出すなぞなぞに僕が答えるというやりとりにシフトしていった。残念ながら、どんななぞなぞだったかは忘れてしまった。そして、僕はそのとき一つもなぞなぞのストックを持っていなかったので、帰り際に弟さんから「次に会うときはなぞなぞを用意してきてください」といわれた。

「次に会うときは」といわれたものの、それ以来、弟さんとは会っていない。基本的に、依頼がなければ会いに行けないからだ(その場でリピートを申し出るのを忘れたのもある)。ただ、「次に会うときは」といわれるくらいには和やかな雰囲気で別れられたし、「次」があってもいいと思ってもらえるくらいの効果はあったのだと思っている。

弟さんは当初、僕のことを「この人はなんの人だろう?」と疑問に感じていたようだったけれど、依頼者が「今日はこの人に話を聞かせてあげて」みたいなことを伝えるとなぜかすんなり受け入れてくれた。ただ、僕が本当は何者かまでは理解されていなかったらしく、結局最後まで求職中の若者かなにかだと思われていたようだ。だからか、ときどき「まあ、いろいろやってればそのうち仕事が来るよ」とアドバイスをくれた。

「以前通っていた学校までの通学路を同行し、そのころの話を聞いてほしい」という依頼があった。依頼者いわく「トラウマの供養」とのことだったが、シンプルにいえば小学校時代にいじめを受けていたことがトラウマとなり、大人になったいまなおそのトラウマを抱え、かつ誰にもいえないままであるという。だから、小学校の通学路を歩きながら当時そこでどんなことをされ、どんな気持ちだったのかを言葉にして吐き出すことで、トラウマを克服したかったのだ。

通学路を歩いている最中、依頼者の顔に笑顔はなく終始うつむき加減だったが、通学路を歩ききって校門の前まで来たとき、少しだけ表情が明るくなった。校門越しに校舎や校庭を指差し、たとえば音楽室はどこにあって、その音楽室のなかにはなにがあったのかといったことを説明してくれた。通学路を歩いていたときに比べればかなり饒舌になっていたが、それはいじめられた思い出以外の思い出に浸っているようにも見えた。

もともと自分はテンションの低い人間なのだと依頼者自身も話していて、傍目《はため》にはどのような内面的な変化があったのかはうかがい知れなかった。けれど、本人としてはやや気が晴れたようだった。

こうした極めて切実な依頼の場合、「レンタルなんもしない人」の匿名性はより高まり、逆にキャラクター性やタレント性といったものはぐっと下がるのかもしれないと思った。つまり困れば困るほど、もしくは悩めば悩むほど、それを話す相手は（赤の他人でさえあれば）誰でもよくなってくるんじゃないか。もはや「レンタルなんもしない人」のサービスを面白おかしく利用してやろうという感じではなくなり、純粋に一人分の存在を欲しているのではないか。

僕の活動に対して、「傾聴ボランティアみたいですね」といわれることがある。いわゆる「傾聴」という行為には「相手への批判や反論をしない」「聴く側の考えを押し付けない」といったポイントがあるらしい。僕は依頼者が求めるまま、必要がなくなるまで、ただそこにいるだけである。だからこの二つに関しては「〜しない」という部分が、はからずも「なにもしない」僕と重なって、結果的にクリアできている。でもやっていることは、傾聴ではないのだ。なんらかのトラブルやトラウマを抱えている依頼者が、問題を自己解決できたか否かは知る由もない。先ほどの依頼でもそれに応えられたかどうかは、依頼者の本心を聞いてみないとわからない。

トラウマ、というわけでなくとも過去を振り返るときの同行者として依頼をされることがある。以下はその一つだ。

✉＊依頼理由

幼少期、父親の転勤に従い、あちこちに転居しながら育ちました。東京の住まいは、5歳から9歳までを過ごした思い出の土地でありながら、住居は既に取り壊され面影がないとのこと。今更一人で訪ねるのも勇気がなく、かといって、事情を知らない友人を巻き込むのもはばかられる中、それでも誰か一人ついていてくだされば、大変心強く感じます。

幼少期の自分にもう一度立ち会い、じきに30になる現在の自分に心機一転の発破をかけられる為、この度、貴方様に巻き込まれて頂きたく、同行の依頼をさせて頂いた次第です。

✎「幼少期の住居の跡地周辺を一緒に散策してほしい」という依頼。「ここは優しいほうの歯医者さん」「七五三のヘアセットがクソ長かった美容院、まだあるんだ」「初めておつかいに行ったときここで母の尾行に気付いた」等の主観的なガイドが楽しかったが、旧居の跡地に着くと面影の無さに言葉を失ってた。

同行中、依頼者は何度か「やっぱ友達に頼まなくてよかった……」とつぶやいていた。自分でもどういう感情かうまく言語化できないようで、友達もどう反応していいか困るだろうなと思われた。「なんもしない」と表明してる人の同行なら、無反応がデフォルトなので気をつかうことなく大丈夫だったそうです。

第1章で「レンタルなんもしない人」の触媒的な効果について話した。一人でやってやれないことはないけれど、そこに誰かいればその行為が捗《はかど》るというやつだ。この場合も、本来であれば近親者に頼むべきことではないかと思われるであろう依頼である。

✉10／28に空きはありますか？
その日に横浜マラソンに出るのですが、ここ3ヶ月は引っ越しを伴う人事異動があって職場に慣れることを優先したためほとんどトレーニングできていません。制限時間内に完走できるかどうかもあやしいのですが、今一番会ってみたいレンタルなんもしない人さんがゴールにいてくれたらがんばれそうな気がします。午後3時がゴール制限時間なので、２時半ぐらいから3時半ぐらいまでの間にゴールのパシフィコ横浜にいていただけますか？

依頼者は、以前はほぼ毎日マラソンの練習をしていたそうだが、依頼文にあるように、ここ最近は環境の変化でそれが疎《おろそ》かになっていたとのこと。完走できるか定かでない不安解消と、完走するためのモチベーションアップを目的に、僕をゴール地点に立たせたわけだ。

ただ、あいにくその日はゴール時間の前後に別のレンタルの予定が入っており、14時半から15時くらいまでの約30分しかいられず、それを依頼者に了解してもらったうえで依頼を受けた。これがむしろ奏功したというか、その30分のあいだにゴールしなければ僕に会えないということがモチベーションを上乗せする格好になったようで、結果として依頼者は見事制限時間内にフルマラソンを完走し、完走記念メダルを獲得していた。

さらに、ゴール直後でふらふらになっているのにもかかわらず、その場で交通費を渡してくれた。つまり僕の交通費を持ったまま42・195キロメートルを走りきったのであり、僕はそのことにいたく感動した。まあ、実際には交通費を握りしめて走っていたわけではなく、ジップロックみたいなやつに入れてウエストバッグにしまっていたわけだが、「小銭は重いしチャリチャリいって気になるから」とお札だけ入れていた。そのため、本来必要な交通費より多めにもらってしまった。加えて、お礼のDMまでいただいた。

✉トレーニングしてなかったので制限時間ギリギリセーフのこともありましたが、会ってみたい交通費手渡ししたいでゴールしました。ありがとうございます！　ツイッター見てて会ってみたい人で交通費はおひねり感覚でお渡ししました。ありがとうございます。今回マラソン準備でウエストバッグに一番最初に交通費入れました。

この依頼者はなぜ「レンタルなんもしない人」にゴール地点に立っていてほしかったのか。そういう些細なことを頼める人がほかにいなかったから、とも考えられるが、ひょっとしたら身近な人にお願いしていたら自分に甘えが生じてしまうことを危惧《きぐ》したのかもしれない。「いやあ、ごめんごめん。やっぱり完走ムリだった」と軽々しくいえてしまう、みたいな。あくまで僕の想像だけれど。

ちなみに、この依頼にも後日談がある。これはまったく予想外の出来事だったのだが、順を追って説明すると、まず横浜マラソンがあった日の翌日の17時から、僕は「まよいが」というイベントバーで一日店長をしていた。もちろんそういう依頼があったからだ。ついでにいうとそのバーの最寄り駅の駅名は、僕が会社勤めをしていた当時、僕のことを「生きているのか死んでいるのかわからない」「なんでいるのかわからない」といったり僕のいる部署のことを「常時欠員状態」といったりしていた上司の名前でもあるので、目にするたびに呼吸が乱れる感じがする。
それはさておき、そのバーに、横浜マラソンの依頼者が「たまたま近くに来ていたから」と来店してくれたのだ。そして、この依頼者が福島出身で芋煮を作るのが得意だという話になり、それを聞いたバーのスタッフから「じゃあ今度、一日店長をやってもらって芋煮バーにしよう」という提案があったのだ。その芋煮バーが大盛況で、すぐさま第2回の開催も決定したそうだ。なにがどう転ぶかわからない。

⮂

先ほど、横浜マラソンのゴール地点に立つ人として、依頼者が友人知人ではなく他人である「なんもしない人」を選んだ理由を、僕は「甘えが出るといけないから」と仮定した。他方で、その理由を明記する依頼者もいる。

✉【依頼内容】
昼食・離婚届提出の同行

また、待ち時間・移動時間中の話し相手（簡単な受け答え）

【依頼理由】
離婚届を提出するにあたって、一人で済ませるには寂しさがあり誰かに見届けて欲しいから。
また、この先この日のことを思い返した時に「そういえば知らない人について来てもらったな」と少し変わった思い出として残してみたいと思ったからです。

この依頼者は、「知らない人」に頼む理由を、「少し変わった思い出として残してみたい」からとしている。

依頼内容にもある通り、離婚届を提出する前に依頼者が指定したレストランの前で待ち合わせをし、二人でランチを食べた。聞けば、その店は婚姻届を出した日に元夫と二人で行った店だとか。ただ、あえてそうしたというよりは、「せっかくなのでおいしいものを」と考えたら自然とそうなったらしい。いまにして思えば、依頼者が料理を一口食べて発した「おいしい……」に、妙に情感がこもっていた気がする。

ランチを食べ終えてから役所に向かい、依頼者が窓口で提出の手続きをしているあいだ、僕はその窓口に一番近い椅子に座ってそれを眺めていた。無事提出が完了すると、依頼者は「終わりました。大丈夫でした」と僕にいった。

そして役所から駅まで僕を送る道すがら、依頼者は、僕も結婚して妻がいることもあって、離婚手続きのコツみたいなものを教えてくれた（もちろん他意はないのだろうが）。たとえば離婚受理証明書というのを発行してもらっておけば、名字が旧姓に変わった際に銀行の名義変更が簡単になるとか（僕は離婚しても名字は変わらないのだけれど）、そういうお役立ち情報をいろいろ聞くのは楽しかった。また受理証明書の現物も見せてもらえたので「おお、これが！」などとはしゃいでしまった。

さて、依頼者は離婚届の提出というイベントを「少し変わった思い出」にしたいとの思いから、同行者として「レンタルなんもしない人」を選択したわけだが、ではなぜ「少し変わった思い出」にしたかったのか。一つは、ただ自分がしんどいだけのイベントになるのが悔しいから。元夫はどこか別の遠い場所にいて、書類のみ依頼者のもとに送られてきたそうだ。要するに依頼者が手続きから提出まですべて背負わなければならず、「なんで私だけがこんな気の重くなる作業をしなきゃいけないの？」と思うとやりきれなかったというわけだ。

もう一つ、気が重すぎて一人だとなかなか重い腰が上がらず、役所が閉まる直前に渋々行くことになってしまいそうで「そういう慌ただしいのがイヤ」とのことだった。つまり、午後早めに提出に行けるように誰かと約束していれば、気持ちに余裕ができる。

レストランの前で依頼者と待ち合わせたとき、依頼者から「初めまして○○（現姓）です」と挨拶されたあと「離婚届の提出が終わったら、最後に、おつかれさまでした××（旧姓）さんといってもらえますか？」と頼まれていたので、その通りにして別れた。人の人生の県境をまたいだ感があり、面白かった。


✉出て行ってしまった同棲相手の荷物を届けるのに、同行していただきたいのです。（荷物は、なんもしない人さんに持たせるようなことはありません）

「離婚届の提出に同行してほしい」という依頼と近い感じのもので、右記のような依頼もあった。依頼主は同じく女性で、その動機も似ているような気がする。つまり、「別れた相手の荷物が自分の部屋にあるのはイヤ。だから積極的に処分したいけど、こちらが手間をかけて捨てるのは悔しいし、わざわざ届けるのも億劫なので、人と約束することで足を向かせたかった」ということらしかった。もっともな理由だと思う。

依頼者とは朝の9時くらいに元彼の家の最寄駅で待ち合わせた。彼女は両手に大きめの紙袋を提げていたのだが、届ける荷物は思い出とかは関係なく純粋に「捨てるのがめんどくさいもの」を選別して持ってきており、そのドライさもなんだか好ましかった。より具体的にいえば食器類などの、捨てるときの分別にちょっと迷ってしまうものだ。その迷う瞬間も、可燃ゴミか不燃ゴミか、はたまた資源ゴミなのか、調べる手間も惜しいし調べるのも不本意だ、というわけだ。

元彼の家に着くと、僕は少し離れた場所で依頼者が戻るのを待った。が、あっさり済んだようで、思いのほか早く戻ってきた。おそらく元彼には今日荷物を届けることを連絡済みだったのだろう。そのあと二人で喫茶店に入り、モーニングを注文した。そこで元彼と別れた原因や、元彼がどんなにダメな男だったかをひとしきり聞いて解散した。

そして、その日のうちにこんなＤＭが送られてきた。

✉今日はありがとうございました！

つい先ほど、元彼の行きつけの喫茶店に思い切って寄ったら案の定そいつがいまして、何事もなかったように一緒にお茶して少し話したりできました。

別れてからこの店にも近寄り難かったんですが、このまま平常運転でいけそうな気がしてきました（店の人たちも別れたこと気づいてないっぽいけど）。

これもひとえになんもしない人さんのおかげです！

気持ちがいい感じに切り替わるきっかけになりました m(_ _)m

少し気が晴れた様子で、なんとなく後腐れもなさそうでなによりだった。僕は本当になにもしてないが、いい触媒になれた感があって清々しかった。

本来は身近な人が担うべき役割を赤の他人に預ける理由はさまざまだが、預けられた他人としては、おそらくは身近な人にしか見ることのできないであろう、いわゆる人間ドラマというものをいろいろと垣間見ることになる。たくさんの依頼をこなすなかで一つ一つの具体的なケースはあまり覚えていられないにせよ、気の重さや悔しさのような心の動きは印象として残りやすく、一般化され蓄積されていっているような感覚がある。「そういうこともあるんだな」とか「捨てにくいものは直接届けるんだな」とか。

✉都内で自分に関わる裁判があるのですが、傍聴席に座っていていただけないでしょうか。座ってきいてもらって、裁判終了後にファミレスで休むのでご同行願いたいです（そんな重い空気ではないとおもいます、ひと息つくようなイメージです）。

右記の通り、民事裁判の被告の人から「傍聴席に座ってほしい」との依頼があった。もっとも、これは傍聴席に座るというよりも、裁判が終わったあとにひと息つくときの相手を務めることのほうがメインだった。つまり、被告として法廷に立たされるのはストレスが大きく、終わったあとは疲れきっているだろうから、裁判を傍聴していた人にいろんな話をしたいとのことだった。

依頼者は女性で、彼女の言葉を信じるなら、かなり理不尽な訴えられ方をされていて、ひと言でいえば気の毒だった。簡単に事情を説明すると、もともと依頼者は同じ会社にいる上司からセクハラを受けており、そのつらさに耐えかねてセクハラの事実を社内メールで一斉送信したら、「一斉送信メールは不特定多数の人に見られるから名誉毀損に当たる」と逆に訴えられてしまったというのだ。しかも加害者である上司は「セクハラではなく同意のもとだった。むしろ向こうから誘ってきた」と主張していたのだが、その主張も、少なくとも僕が傍聴席で聞いた限りでは、まったく理にかなっていなかった。

依頼者は、法廷では加害者の上司と対峙しなければならないし、裁判中は自分にとって屈辱的な出来事を掘り返されることも事前にわかっていた。だから彼女は裁判後に誰かと「ひと息つく」ために「レンタルなんもしない人」を利用したのだろう。

ただ、そんな気の毒な境遇ではありつつも、この依頼者は「レンタルなんもしない人」の活動をかねてから応援してくれている人で、じつは依頼するチャンスをうかがっていたらしく「今回はイケる！」と思ったそうだ。実際、やはり依頼者は裁判中はしんどそうだったのだが、終わったあとに寄ったファミレスで「いままで裁判を傍聴する依頼ってありました？」と僕に聞いてきた。「初めてです」と僕が答えると「よし！」とガッツポーズをとっていた。

このファミレスでは裁判の話はほとんどせず、依頼者の夫も「レンタルなんもしない人」の活動を面白がっているから「今度は夫の依頼を聞いてほしい」とか、それこそ気晴らしになるような話をした。「いままで受けた依頼のなかで面白かったやつを教えてください」といわれたので、覚えている限りでいろいろと話した。たぶん、正しくひと息つけたんじゃないかと思う。

この裁判傍聴の依頼を次のようにツイートしたら、かなり大きな反響があった。

「自分に関わる裁判の傍聴席に座ってほしい」との依頼。民事裁判で、依頼者は被告側。名誉毀損で訴えられていた（言いがかりに近かった）。初裁判の心細さというより、終わって一息つく時の話し相手がほしいとの思いで依頼に至ったらしい。待合室で原告と鉢合わせ、このDMが来た時ワクワクしてしまった。

「このDM」とは、「いま目の前にいるのが裁判の相手です」という依頼者からのDMだ。ツイートにあるように、法廷に入る前に待合室で依頼者がスマホをいじりだしたので、僕もつられていじりだしたらそんなDMが送られて来た。裁判所に来たのも初めてだったし、『リーガル・ハイ』みたいな法廷ドラマ感があって楽しかった。

ちなみに、第2章で話した通り僕はいつも帽子をかぶっているのだけれど、依頼者の弁護士さんから帽子をとるように注意された。被告側の傍聴席にマナーのなってない人がいると不利になるのか、あるいは単純に傍聴席では脱帽するのがマナーなのか、いずれにせよ反省している。

それから、このツイートに対する反響の一つとして、こういうリプライがあった。

今までで一番驚きで、かつなるほど、と感心させられる案件。如何《いか》に不当な訴えだと

わかりきっている裁判とはいえ、ストレスは確かなものだろうし、かといって身近な人を呼ぶには心苦しくてお願いしづらい。悪い言い方をすれば、なにも責任を負う必要のない見ず知らずの人だからこそいいんだろうなぁ。

僕は特になにも考えずにこの依頼を受けていたのだけれど、「身近な人」ではなく「見ず知らずの人」に同席をお願いする理由としてわりと説得力があると思ったのでそのまま使わせていただく。

⮃

映画やドラマで、新幹線のホームで友人や家族に見送られながら旅立っていくシーンがよくある。あれをやってみたいという依頼もあった。

✉レンタルさん
はじめまして!
9月3日は空きがあるでしょうか?

今度10年住んだ東京を離れて、地元の大阪に引っ越しをするのですが、もし空いていたら「友人の見送り」をレンタルしたいです。
写真のこういうやつです。
雰囲気作りの為、引き払った自宅から東京駅まで一緒に行ってもらって、新幹線のホームまでお見送りにきてほしいです。

ＤＭには駅のホームで友人に見送られる、いかにもな場面のサンプル画像が添付されていた。

やはり本当の友達でやってしまうと、マジでガチな雰囲気になってしみじみしすぎてしまう。かといって赤の他人にも頼めない、ということで舞い込んだ依頼だ。僕も「赤の他人」の域は出ないが、一応はツイッターのＤＭでやりとりしたので顔見知り程度の間柄といえないこともないのだろう（いや、実際に会うまでは顔も知らないのだけれど）。たぶん、依頼者は本気で見送りをしてほしいというより、そのシチュエーションを体験してみたい、という動機のほうが大きかったのではないかと思われる。プラス、依頼者はありがたいことにこの「なんもしない」活動のファンというか、僕のツイッターを熱心に追いかけてくれている人で、東京を離れる前に一度会ってみたいという気持ちもあったようだ。

いずれにせよ、依頼者とは引き払った部屋から東京駅までの付き合いだったが、自分としては演技のない名残惜しさで見送れたと思う。というより依頼者は僕のファン＝理解者ということもあり会話が楽しくて、わりと本気で名残惜しくもあったのだ。僕自身、こういうことができる間柄の友達がいないので得がたい経験だったし、その前段階として、引き払いたてのなんもない部屋に「なんもしない人」として参上するという状況も非日常感がすごかった。そして依頼者も東京最後の日がいい思い出として残ったようで、こんなお礼のＤＭをくれた。

✉１人で引っ越しするのは心細いけど、友達に見送ってもらうのはしんみりするのが嫌で、今回レンタルさせていただいたんですけど、想像以上に楽しかったです！！大満足です！　これから旅にでる感があってワクワクしました〜

いつも自由に動きたいから１人行動ばかりなんですけど、付き合ってもらえる安心感ったらなかったです。レンタルさんが家にいるシュールさもめちゃくちゃおもしろかったし、10年住んだ場所を離れるのに知らない人にお見送りされるのも楽しかったし、変に寂しい気持ちにならなかったのもなにもかも本当によかった〜！　お願いしてよかったです！

じつはこの依頼にも後日談がある。というか、その依頼者（ここからちょっとややこしくなるので「Aさん」とする）が引っ越し先の大阪でお店を開いているらしいことをツイッターの投稿で知り、ちょうど僕も大阪へ行く用事があったので、事前には知らせずお店に寄ってみたのだ。が、お店は閉まっていたためAさんには会えなかった。

せっかく来たのでなにか自分が付近まで来ていた痕跡を残せないか考えてみたところ、別の人から次のような依頼があったのを思い出した。

✉こんにちは。突然の連絡ごめんなさい。

当方オーストラリアのタスマニアに住んでいるのですが、ここ最近何故か運が悪く、次何かあったら死ぬんじゃないかというくらい怯《おび》えてます。ケータイ紛失から始まり、クレカを不正使用されたり、運転中カンガルーが飛び出して来てボンネットとフロントガラスが潰れたり（カンガルーは無事）、また別の日前を走っていたトラックからシャベルが飛んできてそれを避けようとしたため車が横転する大事故を起こしたり（これにて車は廃車）、小さいことはたくさん他にも有るんですが、流石《さすが》に大きな事故に短期間で二回も遭遇していて怖いです。

なかなか大変な目に遭われているとしか思えないことが起こっているので、神社の前を通ったとき『たまにはオーストラリアにいる日本人のことも気にかけてやってくれ』と心のなかでつぶやいてほしい」という依頼だ。この依頼を、大阪のAさんの店のすぐ近くで見つけた神社で済ませ、かつその神社の写真も撮ってツイッターにアップしたのだ。幸いにもそれが間接的にAさんにも伝わったようで、そのことが嬉しかったものと思しきツイートも（それも間接的にだが）見られた。

さらに、今度はAさんが東京に来る用事があり、そのときにまた「レンタルなんもしない人」を利用してくれた。つまりリピーターということになる。

はたして、このAさんと僕の関係はなんと言い表せばよいのだろう。何度か繰り返し会って、楽しく会話もしている時点でもはや「無関係の他人」とは呼べそうもない。かといって「友達」なのかというと、そういうわけでもない。

たぶん、この名前を付けられない不確かな関係性が、いろいろと具合がいいのだろう。「いろいろ」というと漠然としすぎているが、たとえば「お互いに余計な気遣いや期待感が生じない」とか、そういう感じのやつだ。

ここで一歩踏み込んで、距離を縮めたらどうなるだろう。想像するに、心理的な距離が縮まるということはすなわち関係性が変わるということだ。

世の中的には、名前が付いたほうが安心できる場合がほとんどではないかと思う。「友達」にせよ「恋人」にせよ「夫婦」にせよそうだろう。しかし一方で、関係が固定されてしまうと、それに伴う息苦しさも生じてくるんじゃないか。「友達だから、相談されたらなにかアドバイスしなきゃ」とか。つまりその関係に名前が付いてしまうと、付いた名前に見合うなにかをしなければならなくなるし、付いた名前に見合う期待を背負わされてしまう。だから、もしAさんと僕が「友達」だった場合、今後一切連絡を取らなくなったりしたらそれなりの気まずさは残るかもしれない。でも、別に「友達」じゃないからそんなことは気にしなくていいはずだ。

「レンタルなんもしない人」での僕の他人との関わり方は多少特殊だと思うけれど、SNSなどによって、会ったこともない「知っている」人は圧倒的に増えつつある。「知り合い」というには遠いけれど、出会う前から手元にはすでに通じる話題がある。ツイッターやインスタグラムであれば、そこには「フォロワー」という名前の関係性が生まれているし、互いに本名も知らないことはめずらしくない。旧来のコミュニティからすると異様に思えるのかもしれないが、この「友達」でも「知り合い」でもない不思議な関係性には、固定的な人間関係につきものの面倒事がなく、しかし孤独感はそれなりに和らげてくれる、そういう心地よさがあるのかもしれない。「フォロワー数」のように数値化されるところにも、そのよい意味でのドライさは表れている。

また、名前を付けるという行為は、あるものをそれ以外のものと区別する行為でもある。つまり境界線を明確にするという機能を持っているわけだが、そういう意味では、仮に「他人」と「友達」の境界線のあたりにグラデーションがあるとすれば、「レンタルなんもしない人」はそのどこかを曖昧に漂っているような存在なのかもしれない。具体的にどこに位置づけられるかは、依頼者がどんな存在を求めて依頼してきたかによる。つまり相手次第なのだ。だから僕のほうからはなにもしないし、相手の領土に踏み入ることもない。

4　お金に縛られない

人間関係はコスパで測れるか

昨日は大井競馬場でビールと馬券を奢られた。最終レースで１００円だけ買った単勝が的中（同席してた競馬新聞編集者の口から最初にでた数字を一点買い）。30分でお金が10倍になる体験を得てしまい「もし１０００円買っとれば」「１万円だったら」と、破滅に向かう人っぽい思考にさっそく陥ってるので向いてない。

「レンタルなんもしない人」を始めてしばらくのあいだ、僕に向けられる質問は、多くが次の2つだった。

「どうやって生活しているのか？（どうやって収入を得ているのか？）」
「なぜレンタル料をとらないのか？」

生きていくうえでお金は必要だし、資産家とか大富豪でもない限り、継続的になにかしらの方法で稼いで手に入れなくてはならない。

このサービスを始めるにあたり、利用料はどうするのかを決めなくてはならなかった。広告料という収入源を別に用意するのでなければ、世の中の大概のサービスは利用者が利用料を払うことで成立している。だから既存のレンタルサービスと同じように、依頼者から時給なり日給なりのレンタル料をもらおうと考えたこともあった。しかし自分のサービスに妥当な値段をつけることは難しく、面倒くさくなって結局は無料にした。

先ほどの2つの質問に答えるようなかたちで「生活をするために、レンタル料を設定して収入を得る」、つまり依頼者がお金を払い、サービスをした僕がお金を受け取るというやりとりになれば、恐らく関係はそこで閉じてしまい、それ以上の広がりは生まれない。「レンタルなんもしない人」の場合、依頼者と収入源が直結したら、面白くなくなるんじゃないかという気がした。

なんだかもう少し、依頼者と僕だけでなく、その外にいる人たちとも関わりを作れる可能性があるんじゃないかと思ったのだ。

実際にスタートしてみると、僕に対する支払いが生じないぶん、あるいはタダで僕の時間を拘束しているという気遣いからか、知恵を絞ってレンタルされがいのある、ユニークな依頼をしてくる人も少なくなかった。もしかすると、そういった依頼者のクリエイティビティを発揮されることが、僕にとっての報酬になっているのかもしれない。これが有料だったらどうだろう。現代人の性《さが》だと思うけれど、多くの人は料金が発生することで払った額に見合うリターンを求める。つまりモトを取ろうとしはじめるのではないか。

お金と人間関係のギブ&テイク問題、といったら大げさかもしれないが、ここではお金にモノをいわせない関係性について探ってみたい。

お金の問題は、僕の活動についていえば、冒頭でも触れたけれど、

・どうやって収入を得て継続させるか(僕の問題)

という文字通りの死活問題に加えて、

・僕たちはふだん、お金を使って目に見えないものも買っているのではないか(一般的に、みんなの問題)

というところに関わっている。

後者の「目に見えないもの」とは、人間関係だ。本来は誰か別の、その人に近い関わりを持つ人が埋めるはずだった一人分のスペースに、僕が収まる。普通は、そこにはコスト

が生じる。他人だから。お金が発生する背景には「他人だから」という条件が色濃く影響している。でも、近しい人にだってお金はかかっているんじゃない？　と僕は思っている。このことは章の後半で取り上げたい。

先ほど「レンタル料をもらおうと考えたこともあった」といったけれど、考えようとしてすぐにやめたので、実際はほぼ俎上《そじょう》にも載らなかった。たとえば「1時間あたり1000円」とか、具体的な数字を検討するところまでいかずに、ほとんど一瞬でやめた。

もともと僕は「時給」という概念があまり好きになれないというか、自分の時間とお金を交換してもらっているような感覚が率直にイヤだった。まるで自分が奴隷みたいになった気がしてしまうのだ。

それよりは成果に応じた、自分のなにかしらの働きが一定の条件をクリアした結果として、いわゆる成功報酬というかたちでお金をもらうほうが肌に合っている。

ならば依頼1件あたりの料金を設定すべきかと思ったけれど、基準や相場もなく、やはりすぐに考えるのをやめた。料金設定をすることは、なにかに対してどのくらいのコストがかかるかを表明することだ。「お金」は商品やサービスの対価として存在するものだから、モノとお金を交換するなり、行為とお金を交換するなり、「高すぎも安すぎもしない、妥当な価格だ」という合意があって初めて売買という取引が成立する。依頼内容によってレンタル時間が異なるにもかかわらず、たとえば「1件につき5000円」と決めてしまったら、依頼者は費やした5000円を回収しようとしてしまうかもしれない。「5000円払って30分で終わったらもったいないし、3時間くらい付き合ってもらおう」みたいな感じで。

そうなると自分のほうも、なるべく短時間で切り上げたほうが割りがいいと思ったりするかもしれないし、依頼者と僕の双方にそういうセコい、もしくは功利的な思惑が見え隠れするシチュエーションは、考えただけでつらい。

お金が介在すると、やりとりは単純にわかりやすくなるけれど、「なんもしない」ことそのものの実際の価値が見えにくくなるようにも思う。お金のほうに引っ張られて、軸足がずれていくような。だったらそういうスイッチはあらかじめ存在させない、つまり無料にするのが妥当なのだろうという結論にいたった。無料のサービスなら僕も開き直って「なんもしない」でいられるだろうし、依頼者側も「どうせタダだし」と、このサービスに多くを求めることはないんじゃないか。たとえ1000円でも報酬があったら、「自分はお客さんだ」という意識が生まれやすくなるだろう。

結局のところ、このサービスを思いついたとき、わりと新しい試みではあるし、実行に移すにあたって不安がないわけではなかったから、なるべく自分がやりやすいように考えた結果、無料になった感じではある。なにもしないんだったらお金も発生しないほうが自然だし、依頼者もそれほど図々しくはなれないだろう。逆にお金が発生してしまうと「なんもしない」の難易度が上がりそうだから、とりあえず始めるときは料金を設定しないことにした。

もっとも、ここまでの話はこの本を作るにあたり「お金」というテーマを扱うことになったから、自分なりに改めて整理してそう答えただけだ。実際はそこまで深く考えていなかったというのが正直なところで、頭のなかには「とにかく面白いことがしたい」というシンプルな欲求しかなかったようにも思う。

とりあえず、若干の貯金があったからそれを使ってなにかしたかったのだ。そういう意味では、海外旅行にでも行くような、いわば娯楽に近い感覚だったし、フォロワーの質問に答えるかたちで過去にそういうツイートもした。

🖂どうやって生計をたてているか、ビジネスモデルが気になります。不快に思われたらすみません。無視してください。

✐いまのところ貯金で生活してます。この活動はビジネスというより、面白いからやってること（お金貯めて海外旅行にいくようなもの）といったほうがわかりやすいかもしれません。

ちなみに、交通費をもらうかもらわないかも一応は検討した。でも、もし交通費をもらわなかったら、たとえばアメリカやヨーロッパから依頼がきたらあっという間に貯金が吹き飛ぶ。この試みが別の要因で短命に終わってしまうのは本意ではなく、交通費はもらうことにした。

「レンタルなんもしない人」のレンタル料は無料にするとして、他方でスポンサーを募集しようかと考えたこともある。それは（このサービスのモデルとなったプロ奢ラレヤーさんの手法そのままだが）スポンサーとしてお金に限らず僕になにかを提供してくれる人がいたら、その人のアカウントをツイッターのプロフィール欄に一定期間載せるような格好で。でも、それはやり方がまずかった。というのも、実際にスポンサーになりたい人からいろんなモノを提供するという申し出があったのだが、そのなかからどれか一つを自分が選定しなければならないという状況にものすごいストレスを感じたのだ。そして、これが今後も続くと思うと恐ろしくもなった。

であれば、提供してもらうモノをお金に限れば済む話なのかとも思ったけれど、それでもやはり何人か候補者がいるなかから一人をスポンサーとして選ぶというのは、僕にはできそうにない。それに、「なんもしない」を謳《うた》っておきながら「スポンサーになってください」と働きかけるのは、明らかに「なんかしてる」。

裏を返せば、いまもしどこかから急にお金持ちが現れて「スポンサーになりたいんですけど」といってきたら、即、受け入れるつもりでいるのだけれど。

人のために善意でやってるわけではないので、ボランティア活動ではありません。お金を多めに渡されたらためらいなくもらったりしてますし、誰かお金持ちが大きな額を無条件に出資してくれないかなとかも思います。

ここは誤解してほしくないのだけれど、僕は無料だからといって、ボランティアでやっているつもりは一切ない。事実、誤解を避けるために過去に右のようなツイートをしたことがある。

別に好きでボランティア活動をしている人を貶《おとし》めたり、否定したりする気はまったくない。だけど僕は、「ボランティア」という言葉からは、かなり純度の高い善意を期待されているという圧力みたいなものをすごく感じてしまう。だから仮にボランティアを謳っていたら、依頼の内容や顚末を報告するツイートもなるべく品行方正な感じで、いちいち美談にしなければならないような義務感を覚えていたんじゃないだろうか。

それらの期待を弾くために、「レンタルなんもしない人」をボランティアだと勘違いしていそうなツイートを見かけたら、積極的に否定して回っている。

むしろ、僕は自分が善人に見られることは極力避けたいと思っている。なぜなら自分はまったくもって善人じゃないし、善人であることを期待されたくないから。だからお涙ちょうだい系だったり心温まる系だったりするツイート（結果的にそういう感じになった依頼の報告）が増えてしまうと「ヤバい。これ善人っぽい」と思って、あえてネガティブだったり露悪的だったりするツイートをしてバランスをとったりしている。たとえばこういう感じで。

✎やっぱりこういうのはサービス提供側がやることになってるんだろうなと半分あきらめつつも、「交通費いくらですか？」って聞かれると「調べたらわかるでしょ？」と思ってしまう。

プロフィールに「国分寺駅からの」って書いてあるんだから自分で調べて計算してくれよ、というわけだ。いってみれば自分を狭量な人間に下げるようにセルフプロデュースしているわけだけれども、これは「レンタルなんもしない人」をレンタルする顧客層を、自分の想定する顧客層に近づけたいという意図もある。つまり、「すごくいい人そうだ」とか「この人をレンタルしたらきっとめちゃくちゃ面白い」とか期待されたり、僕のサービスの範疇外《はんちゅうがい》のことまで求めてくるような依頼が来たら厄介《やっかい》な気がするのだ。

自分としては依頼者の期待はなるべく裏切りたくない。期待に添えないことはストレスにもなるし、右記の発言と矛盾するようだが、「期待したほどではなかった」「がっかりした」といった感想をツイートされたら残念だ。だったら、あらかじめ期待値を下げておけばいい。期待せずに来てもらったら、そんなにがっかりはしないだろう。

そしてサービス自体は無料だけれど、僕は気持ち的にはちゃんと報酬をもらっているともいえる。一つは、第1章でも述べたように、依頼者の力を借りて受動的に変化なり刺激なりを楽しませてもらっているということ。もう一つは、レンタル中になにか面白いことがあったときに「やったー。これツイッターに書けるぞ」ってなることだ。

どちらかというと、後者のほうが僕にとっては報酬感が高い気がする。仮に僕がレンタル料をとっていたら、たとえ依頼者が特定されないとしても、ツイッターに依頼内容をアップするのは難しかっただろう。書くにしたって「お金をもらってるのに、こんなに茶化して書いたら悪いかな」などとどこかでブレーキがかかっていたかもしれない。逆にいえば、無償でやっているからこそ強気で、好き勝手に、かつドライに書き散らかしていられるのだと思う。まあ、結果的にそうなった感じなのだけれど。

僕が無料でサービスを提供していることと関係あるのかないのかわからないけれど、「レンタルなんもしない人」を退屈させまいとする意図が垣間見られるような、ユニークないしはテクニカルな依頼もわりと多い。

たとえば「女子大生になりきって1日過ごしてほしい」という依頼もそうだった。これはなかなかに予想外だったし、けっこうな地方から上京してきた女子大生の気持ちになって歩く渋谷は楽しかった。こういうのも、ある意味で報酬といえるのかもしれない。依頼者のツイートも楽しそうだったので以下、そのまま掲載する。

💬昨日はレンタルさんをレンタルしました。お仕事内容は「もうひとりの私になってください」。あまりの忙しさにもうひとりの自分が欲しい！と思って、ほんとにもうひとりの自分を生み出してみた。ずっと食べたかったコーヒーショップニシヤのプリン、もうひとりの私が食べてくれたから満足（いつか私も行く）。

ずっと買いたかった本も買ってきてもらったし、なんとお土産までもらってしまった。もうひとりの私、めちゃくちゃいい人でした。今日1日の動向を写真に撮ってほしいって頼んでたんだけど、写真で知らないカフェをおすすめされてたから今度行こう。LOFTにも行ってて、1日女子大生エンジョイしてたみたい。

夕方、池袋で本物の私と合流して今日の報告会。お互い食事に集中したい派だし、レンタルさんとのジェネギャを感じつつも楽しい会でした。最後に本物の私からお花の贈呈。実はこれも私のしたいことのひとつ。たまたま手に取ったかすみ草の花言葉が「感謝」でぴったりだった。昨日は1日ありがとうございました。

なお、一つ目のツイートに「コーヒーショップニシヤ」とあるが、行ってみたら正しい店名は「コーヒーハウスニシヤ」だった。

第3章で取り上げた「新幹線のホームで見送り」なんかも、こうしたテクニカルな依頼のカテゴリーに入るかもしれない。そういう依頼の数々を見ていると、依頼者たちが「レンタルなんもしない人」というお題で、大喜利でもしているかのようでもある。

一方で、そういう大喜利的な依頼に対しては「あんまりがんばらないでください」といいたい気持ちも少なからずある。もちろん知恵を絞ってくれるのはありがたいのだが、面白い依頼にしようとしてひねりすぎると必ずスベるからだ。これは僕が大喜利好きで、自分でも経験があるからわかる。だから実際、狙いすぎてつまらないと感じた依頼はお断りしている。たとえばユーチューバーの人が「こんな企画を考えました！」みたいなノリで持ち込んできた依頼は、だいたい断っている。だいたいスベっているし、そのスベりに自分が巻き込まれるのも双方がしんどいだろう。第2章で「生理的な反応」に従って「できない」「やりたくない」ことから逃げているという意味のことを話したけれど、原理は同じで、直感で「スベってるな」と思ったらもう断るしかない。

自分としては依頼を無理矢理ひねり出すのではなく、あくまでフラットに、日常生活で利用できそうな場面に出くわしたときに使ってもらうのが自然だし理想なのだ。本人も意図しなかった場面で、あるときふとニーズが生まれたら、それはたぶん無理なく面白い依頼になるんじゃないだろうか。

こう思うのには理由があって、「レンタルなんもしない人」の活動は、依頼者やフォロワーの人からけっこう応援されているとも感じているからだ。「なんもしない」ことを応援されるというのもなかなか妙だけれど、僕が「あ、応援してくれてるな」と思うのは、その人が面白そうな依頼をするチャンスをうかがっているのがわかったとき。だから、たとえばただ単にＤＭで「面白い活動ですね、応援してます！」とかいわれても、心の中で舌打ちするだけだ。「なんだよ、わざわざＤＭしてきて依頼してこないのかよ」なんて。

他方で、依頼が完了したあと、これまで同様の依頼がなかったことを知って「よっしゃ！」とか「面白い依頼ができた！」とつい添えてしまったり、自身のアカウントで積極的に依頼の顚末《てんまつ》を報告するような依頼者は、僕のことを応援してくれている人だと勝手に認定している。もちろん依頼の内容および成果を「ツイッターで公開しないでください」という依頼者も少なくない。しかし、そういう場合の多くは、依頼者がずっと抱えてきた悩みを共有するなど切実な依頼だから、それはそれでありがたく思っている。

レンタルなんもしない人の話をすると、みんなすごいお金のことを気にするのね。誰しもお金にしばられているし、お金にすっごい興味があるんだなということが感じられた。当たり前じゃんと言われればそうなんだけど。

前初めて依頼した時、わかっていてもお金の事は気になりましたねー。コーヒー一杯でこんなに長時間拘束してええんか？みたいな。

たまに、明らかにお金を持っていなさそうな人からも依頼を受けることがある。まだサービスを始めて間もないころ、その会話からもお金を持っていなさそうなのがひしひしと伝わってくる依頼者が僕に交通費を渡そうとしたとき、うっかり「無理しなくていいですよ」といってしまった。お金を持っていなさそうな人からお金を受け取ることにストレスを感じたからだ。結局、依頼者が「いや、こういうことはちゃんとしたいので」というので受け取ることにした（あとで気づいたのだが、それは片道分の電車賃だった）。

その依頼者はまだ学生さんだったのだけれど、当然のことながら総じて学生さんはお金がない。だからいまだに交通費をもらいにくいケースがちょいちょいある。それは僕の「気兼ねなく交通費をもらいたい」というワガママな気持ちからなのだけれど。

よって、ＤＭでの依頼文に依頼者のお金のなさが垣間見られたら、その時点で依頼を断ることもけっこうある。たとえば「交通費は片道ですか？　往復ですか？」と聞いてきたり（往復に決まってる！）、依頼者がお金を出し渋る人だと感じると途端に気乗りしなくなってしまうのだ。そんなことからも、やっぱり僕にボランティア精神は皆無だな、と実感している。

ちなみに、現時点で最も交通費が多くかかった依頼は、福岡に行ったとき。羽田空港からＬＣＣ（格安航空会社）ではない飛行機に乗って、往復で５万円くらいだったと思う。依頼内容は公開できないが、依頼者にとっては極めて重大な案件だったので、それだけの金額を払う価値があったのだと思っている。

しかしそう考えると、無料とはいえ、依頼者の住んでいる場所が国分寺から遠方であればあるほど、その依頼内容と僕を現地に呼ぶためにかかる交通費を天秤にかける作業がより慎重になっていくのだろう。実際、それを感じることもある。

たとえば「バーで１日店長をやってほしい」といった類いの依頼には、どこかでお店のＰＲを狙っているというか、なかには完全にＰＲ目的のものもある。つまりそこそこ有名になってきた「レンタルなんもしない人」を呼ぶことで集客効果を見込んでいるのだ。僕としては「僕が店長やってお客さん来なかったらどうするの?」「集客効果がなかったらごめんなさい」と感じてしまうので、「僕は呼べばどこにでも現れる存在なので、僕に会うために誰かに足を運ばせる効果はないですよ」と釘を刺したうえで引き受けている。

ついでに、交通費がらみの話でいうとこんなツイートをしたこともある。

✎交通費を出していただけるなら、海外でも可能です。ただし引き受けるかどうかは依頼内容によります。依頼があった中でいちばん遠方はトリニダード・トバゴ(旅行同行の依頼。治安が心配でお断りした)。引き受けた中だと福岡がいちばん遠かったです。

トリニダード・トバゴの件は、「海外旅行に友達を誘っても誰も一緒に来てくれない」という依頼者からの依頼だったが、たぶん僕と同じ理由で断られているんじゃないだろうか。僕も治安の良し悪しにものすごく敏感というか、脆弱《ぜいじゃく》な人間なのでなにかあったらきっとすぐ死んじゃうと思うので。

⮂

✎こないだ依頼者が「友達ならこうやってとりとめもなく話したり沈黙が続いたりしても大丈夫な間柄になるまでには何年もの時間とその分のお金がかかる。でもなんもしない人を呼べばその時間をすっ飛ばせる」「今かなり贅沢な気分」と言ってて、このサービスには何らかのコストカット効果もあることを知った。

本章の冒頭で、そもそも友人や恋人、家族といった近しい関係にだってコストは発生するのではないかと書いた。だけど正直なところ、「レンタルなんもしない人」にコストカット効果があるとは、それまで考えたことがなかった。もっとも、「コストカット」とは違った表現で、「ちょうどいい関係性の人間を安価で、気軽に調達できる」くらいには考えていたのだけれど、それでも「友達にかかるコスト」と比較するという発想はなかったし、「レンタルなんもしない人」は友達とは別の存在だと考えていた。

にもかかわらず、この依頼者からはそこそこ長く付き合った友達と同等の存在とみなされたことが新鮮だった。僕が思っている以上に依頼者（もちろん人によるだろうけれども）は「レンタルなんもしない人」のことを気の置けない間柄だと感じているのだなと。

このときの依頼は「買い物に同行してほしい」というものだった。しかし当日、僕は少し遅刻してしまい、現場に到着したころには依頼者の買い物はほぼ終わっていたので、そのあと喫茶店でスイーツを食べるのにも同行した。なんの遠慮もなく引っぱり回す、とまで行かないけれど、依頼者の都合に全面的に合わせる感じが、長く付き合っている友達っぽかったのかもしれない。

ただ、僕としては依頼してくれる人に対して「気の置けない間柄」感を抱いてはいない。でもそれは居心地が悪いわけではなくて、僕は依頼されている通りになにもしないだけだし、なにも考えていないだけだ。

「コストカット」の話をもう少し引っ張ると、この依頼者は「友達」とのあいだにそれなりに強固な関係性を築くには「何年もの時間とそのぶんのお金がかかる」といっていた。そして、そこを「すっ飛ばせる」のが「レンタルなんもしない人」の美点であると。つまり、友人関係の構築ないし維持にはコストがかかる。コストには、時間、精神、お金、いろいろある。無料である「レンタルなんもしない人」は、お金の面はいうまでもないけれど、それ以外でもコストパフォーマンスがよいというのだ。新しく生まれた付加価値として、純粋に新鮮に感じた。

「対価」というには大げさかもしれないが、僕も、友達はお金のかかる存在だという認識でいる。たとえば誰かとごはんを食べにいったり、お酒を飲みにいったり、遊びにいったりするときに、僕が一方的におごられるばかりだったら、その誰かとは友達っぽくない。そもそも僕は「友達」や「友情」の定義がよくわからないし、人によってその定義も変わってくるだろうけれども、そういう言葉に組み込まれそうな行動やシチュエーションには、自分が財布を開いてお金を払っているイメージがついて回る。「友達と飲みにいったら割り勘だよね」とか、相手とほぼ同額の金額を払うことで対等な関係であろうとする、みたいな感じだ。要するに「貸し」も「借り」も作りたくないのだ。

あるいは友達の家でゲームをするような場合も、一見するとお金はかからなさそうだけれど、その友達の家まで電車に乗っていく必要があれば交通費も発生する。また、たぶんお菓子やジュースを買うことになったらやはり割り勘にするだろう。

なんだかとてもセコい話をしているような気がしてきたけれど、誰かの家でゲームをするにしても、1回遊びにいったくらいでは、僕はその誰かを「友達」とは呼べない。つまり、繰り返しその人の家に通ったりするなど継続的な関係が求められるという点で、時間的なコストもかかる。

また、友達関係においては金銭的コストとは別に「貸し」と「借り」が生まれることもある。たとえば漫画や書籍などの貸し借りなどがそれにあたるが、この場合も精神的なコストが発生すると思っている。

僕も会社員時代に（友達に近い）同僚と漫画を貸し借りすることがあったのだが、正直、僕は人から勧められた漫画を読むのはあまり気が進まないタイプの人間なのだ。でも、「これ面白いから貸してあげるよ」という申し出を断るのも悪いから渋々借りていた。そのうえ困ったことに、借りたからにはちゃんと読むことはもちろん、返すときにはその漫画の感想もセットで返すことが求められる。相手もオススメの漫画を貸した以上、それを期待するのは当然だ。

そうなったとき、その漫画が自分にとってはつまらなくても「面白かったよ」と嘘をついたり、正直な感想を伝えるにしても空気を悪くしないように言葉を選んで漫画の内容を評価しなければならない。それは大きなストレスになる。

この精神的コストは、より具体的には「相手に合わせるコスト」といえるかもしれない。第1章でも述べたように、僕は固定的なコミュニティで人間関係を築くことに向いていないという自覚があるのだが、それはまさに「相手に合わせるのがすごく苦手だから」というのが大きい。うまく順応することができないから、人並み以上に精神的コストが高くついてしまうのだろう。

そして、そのコストを払わなくてもよくなるためには、つまり相手に合わせなくてもいい関係になるためには、やはり相応のコストがかかる。たぶん、ときにはケンカもしたり、

「ずっと話そうと思ってたんだけど……」みたいな緊張感のあるやりとりを経て（当然そのあいだに時間的コストもずっとかかっている）、ようやく「この前借りた漫画、つまんなかったよ」とナチュラルにいえるくらいの関係になるんじゃないか。そこを「すっ飛ばせる」という意味ではたしかに「コストカット」といえるし、「なんもしない」ことで「なんもさせない」という効果が生まれた、あるいは少なくともそういうふうに解釈する依頼者が現れたことは単純に面白いと思った。

依頼者のなかに同じように感じている人もいて、さらにツイート後、「いいね」が400を超えていた例を貼っておく。

✉依頼内容

手作りの料理を一緒に食べてもらいたい

場所　実家の自室、両親・兄と同居

日時　土日祝日であればいつでも可能。レンタルさんのお腹が減っている時間帯

理由　人にご飯を食べてもらえると承認欲求が大きく満たされるものの、友人などに振る舞い続けるといつかそれが当たり前のようになるのが嫌なので、レンタルさんに

食べてもらいたい。なにもしないという部分で〝料理を食べる〟というのは無理かもしれませんが、お考え頂けると嬉しいです。

依頼する側、される側、どちらにとっても日常生活で固定した役割から受ける些細《ささい》なストレスは当然あり、かといって通常、ほかに代役が存在するわけではない。

⮂

ちなみに、依頼者が一人で仕事や勉強をするのを「見守る」タイプの依頼では、僕が手持ち無沙汰にならないように依頼者側が漫画などを用意してくれるケースが多々ある。僕はその漫画を読むけれども、あらかじめ「なんもしない」と断っているので感想をいう必要もないし、感想を求められもしない。なんなら漫画を読まずにスマホをいじっていてもいい。いってみれば「頼んでもいないのに依頼者が勝手に漫画を用意してきた」という状況だから、僕としても一切気を遣う必要はなく、ゆえに精神的コストは発生しない。これはすごく楽だ。

✎今日は漫画家の長堀かおる先生にラーメン屋へ連れて行かれ、うまいラーメンを食わされ、仕事部屋へ連れて行かれ、テキトーに漫画を読んだり質問にこたえたりさせられた。そしてツイート検索に作品名が引っかかるよう明記せよと指示された。長堀先生の仕事部屋には人気の漫画がたくさんそろってて、それらが読み放題という状況だったので、プロの漫画家さんの仕事部屋を漫画喫茶のように利用してる異常な状況にめちゃくちゃ興奮しました。先生は基本黙々と作業してましたが時々「誰かがそこにいてくれるってすばらしい！」と叫んだり、小学生の頃の友達んちみたいで良い、いるだけで喜ばれる人もいるんだよってことを世に広く言いたい、ちょうどいい存在感、本当にちょうどいい、など呟いてて、なんもしてないけど「よかったな」と思った。

🗨仕事を誰かに監視していてほしい…と思いレンタルさせて頂きました。シュッとした好青年が来てくれて後ろで静かに漫画読んでてくれて話しかければ丁寧に受け応えてくれる。何度『ちょうどよい…ありがてぇ…』と呟いたことか。おかげさまで原稿スイッチ入りました！　レンタルなんもしない人、誰かが部屋に来るってのは強制的に片づけも出来るという点でもとても良かったです。万年床で足の踏み場もなかった仕

事部屋を慌てて掃除しました。それにしても家族以外の人が自室で漫画読んでるのは不思議な光景です。

先ほど、会社員時代の漫画の貸し借りが自分にとってはストレスだったという話をした。じゃあ、子供のころにした漫画の貸し借りはどうだったかというと、特にストレスを感じていなかったように思う。まあ、子供にとって漫画は最重要な娯楽の一つであり、知らない漫画や親に買ってもらえなかった漫画を読めるという喜びも大きかったからだろう。と同時に、子供のころは純粋に友達関係を楽しんでいたようにも思う。

そういう意味では子供と大人とでは「友達」や「友情」にかかるコスト、もしくはストレスに差があるのはたしかだ。また大人、特に社会人にもなると、求められる「友達」像もどんどん複雑になっている気がする。たとえば「飲み友達」とか「ゲーム友達」とか「ライブ友達」みたいに細分化して、オールラウンドな友達というよりは目的に応じた友達が求められがち、とでもいえばいいのだろうか。誤解を恐れずにいえば「都合のいい相手」に一定の需要があることは間違いないだろう。

それは「レンタルなんもしない人」の依頼内容にも表れている。「一人では入りづらいお店に行くのについてきてほしい」「ゲーム大会に一緒に参加してほしい」「アイドルのライブに同行してほしい」といった依頼がその典型だ。そういう依頼をしてくる依頼者は、「そういうことに気軽に誘える友達がいない」というよりは、「そういうこと専用の友達がいない」といったほうが正確なんじゃないか。あるいは自分の趣味に友達を巻き込むことで、その友達にある種の「借り」を作ることに躊躇《ちゅうちょ》しているんじゃないかと思う。

僕も会社員時代、「仕事のオン・オフ」とか「ワークライフバランス」とかそういうことを考えはじめたことがあった。そのとき、僕の周りには「プライベートを充実させるために都合のいい友達を何人かキープしておきたい」みたいな、ある意味で合理的な考え方をする人がけっこういて、そういうシステムに自分も組み込まれているのだろうかと思うとしんどくなった。みんなが「都合のいい相手」「便利な友達」を欲しているのはお互いの共通認識としてあるけれども、そういう下心があるがゆえに子供とは違った駆け引きも生まれる。それに僕は馴染めなかった。まあ、プライベートで僕を誘ってくれるような同僚は結局いなかったのだけれど。

あるいは会社の同期という存在もなかなかに厄介《やっかい》だった。「同期だから」という理由でもっと仲良くしなきゃいけないような空気になったり、いわゆる「同期飲み」に半ば強制的に参加させられたり。ただ単に同じ年に入社しただけなのに、普通の同僚とは異なる関係性を強《し》いられることに順応できなかった。

そうやって用途に応じて友達としての役割を求められることがストレスだったわけだが、いまは「なんもしない」ことによって依頼者の求める役割を演じていることになる。一応断っておくが、僕は先に挙げた「同行」系の依頼を嫌がっているわけではまったくない。むしろ楽だ。なぜなら、そこには嘘がないから。

仮に、「レンタルなんもしない人」のサービスから離れて、僕がプライベートで誰かに「一人じゃ入れない店があるから一緒に……」と頼まれたら「なんで僕に？」と勘ぐってしまうだろう。つまりそこになんらかの別の目的や駆け引きが潜んでいるのではないかと疑ってしまいそうなのだが、「レンタルなんもしない人」を利用する人にはそれがない。あくまで目的を達成するためのツールとして、ドライに僕を使っているのがわかっているから安心なのだ。

✉ラーメン二郎荻窪店で一緒にラーメンを食べて頂きたいです。理由としては私が二郎

系ラーメンのお店に行ったことがなく、コールの仕方が分からない、また殺伐とした雰囲気の中、一人でラーメンを食べることが心細いからです。

✎「ラーメン二郎に同行してほしい」という依頼。半年前に「行列に並んでる間の話し相手になってほしい」という依頼で行ったことあり、初めて行くの怖い気持ちめちゃくちゃわかるため引き受けた。レンタル活動開始初日にもラーメン同行の依頼があり、ちょうど半年目の今日食べるラーメンは感慨深かった。

「一人では入りづらいお店」に「友達」を誘えないのはなぜなのか。もう少し考えてみたい。

先ほど「そういうこと専用の友達がいない」から、という一つの結論めいたものを示したが、それと同時に、やはり友達に「借り」を作りたくないというのも大きい気がする。

西国分寺で「クルミドコーヒー」というカフェを経営している影山知明さんが著した『ゆっくり、いそげ～カフェからはじめる人を手段化しない経済～』（大和書房）という本がある。その中で、「贈与論」について語られていた。贈与とはいうまでもなく人になにかをあげることだが、なにかをもらった人は、くれた人に対してお返しにもっといいなにかをあげようとする。そうやって贈与というものは循環させやすいものなんだけれど、双方の贈与が等価になってしまうと、つまりプラスマイナスゼロで精算されてしまうと、関係が継続しづらいという。

それと似たようなことは友情にもいえるんじゃないか。

友情が継続していく背景には、貸し借りを精算したときの余剰分の積み重ねがあると僕は思っている。

たとえば、これまで悩みや愚痴を聞いてもらったりして、Aさんに「借り」があるBさんがいたとする。Bさんはその「借り」を精算するために、Aさんに対してお返しをした（「貸し」を作った）ところ、もともとの「借り」より多く返してしまった。一方のAさんとしては、自分の「貸し」以上の「借り」を返されたので、再びBさんに「貸し」を作って差分を埋めようとする。しかし、やはりAさんもまた多く返しすぎてしまい……みたいな、「多くもらいすぎたから返さなきゃ」という余剰分の返し合いが、友情を継続させているのではないか。

影山さんは、そのような「自分のほうが多めにもらってるな」という感覚を、「健全な負債感」という言葉で表現し、その感覚を持っていたほうが関係性が長持ちすると書いていた。その話自体はものすごく面白い。でも、僕個人としては特定のコミュニティのなかで「多めにもらってるな」という感覚を抱き続けることは、めちゃくちゃ大きなストレスになる。つまり僕にとっては不健全なのだ。というのも僕自身、なにもできないから「なんもしない」ことを始めたくらいなので、友達からなにかをしてもらったとき、どうやってお返しをしたらいいかわからなくなってしまう。しかも精神的な「貸し」は金銭のように数値化できず、貸した当人の見積りと、借りのある人間との予測に誤差が生じる。「恩を仇《あだ》で返す」なんて古い言葉があるけれど、恩を売られたほうは、借りがあるなんて思いもよらなかった、なんてこともある。

たとえ奇跡的に貸した側、借りた側、互いの見積りが同等だとしても、借りた以上を返せるか、というところにまたハードルが出現する。僕だったら自分がしてもらったぶんより多く返すどころか、等価にも遠く及ばないという確固たる自信がある。だから本当なら一刻も早く精算したいのに、どんどん「健全な負債」が膨れ上がっていき、それに伴い居心地もどんどん悪くなっていく。ある時点で、「健全な負債」は純粋な負い目に変わっているのだ。

そしていまの時代（というと大げさすぎるし僕には時代なんて語れないけれど、あえて）、このような「健全な負債感」にもとづく余剰分の返し合いをめんどくさいと感じている人はけっこう多いのではないかとも思う。お中元とかお歳暮とか、あるいは年賀状など形だけの儀礼はやめようという、いわゆる虚礼廃止などもその一つかもしれない。好きでやっている人のことをとやかくいうつもりはないけれど、人によっては私情が絡み、息苦しくなるのが目に見えている。だからこそ、貸し借りもなければ精算も交通費と食費という実費だけで済む「レンタルなんもしない人」という存在に、需要が生まれているのかなとも思う。

ベタな語り口になるのだが、この需要はＳＮＳによって、かつてとは比べものにならないくらい人間関係の射程が伸びたことも関係していると思う。要は、昔だったら発信する起点と着地点は一対一、対面する人間関係だったから、その貸し借りだけに配慮しておけばよかった。でもいまはＳＮＳによって貸し借りの情報が可視化されて、どこまでも拡散されかねない。

ちょっと話がズレるかもしれないが、最近マッチングアプリが流行っているのは、自分の属するコミュニティで出会いを求めようとするとすぐにバレて、すべての行動が筒抜けになってしまうからだと聞いたことがある。つまり出会いの対象を、自分の属するコミュニティの外にいる見ず知らずの相手へと飛躍させるためにマッチングアプリを利用するというのだ。

これと同じように、誰かに「借り」を作らないと実行できなさそうなことをするにあたって、自分の属するコミュニティとは関係ない、見ず知らずの他人である「レンタルなんもしない人」に白羽の矢が立てられるんじゃないだろうか。

✉**こんばんは。とつぜんのＤＭを失礼します。好きな人に１万円の寄付をする企画をしておりまして、もしよろしければお受け取りいただけないでしょうか…？**

✎「１万円うけとってほしい」という依頼。２年以内に１００人に１万円あげることをめざしてるとのこと。僕は人からお金の心配をされるたびに「まあなんかわけのわからない経路でお金って発生するんじゃないかと思ってます」とかなり強がって言ってるんですが、本当にわけのわからないお金がきて興奮した。

第２章でも近い依頼を取り上げたけれど、ここまで話してきた通り「レンタルなんもしない人」は無料のサービスだが、依頼者のなかにはお礼としてアマゾンなどのギフト券をくれる人はけっこういる。でも、さすがに現金をくれる人がいるなんてことは想像もしていなかった。依頼者に銀行の口座を教えたらしっかり振り込まれていて、もう、単純に嬉しかった。まあ、ギフト券でもまあまあ嬉しいのだが、どこかモヤっとするものがあるというか、アマゾンのギフト券はアマゾンでしか使えないし……「だったら現金をくれよ」と思ってしまう。

また、ギフト券とともに多いのがスターバックスのドリンク券（500円分）なのだが、正直にいうと僕はあまりスタバに行かない。だから「それで500円あげた気分になられてもなあ」という、極めて図々しい感情が芽生えてしまう。僕にドリンク券をくれたのは、善意によるものだとわかってはいるのだけれど。僕としては「無理してでもスタバに行かなきゃいけないのかな」と、最近はある種のプレッシャーを感じつつもある。

もちろん、お礼として現金を渡すのは失礼にあたるとか、上下関係が生まれるとか、奥ゆかしさに欠ける感じがするというのはわかる。むしろ現金のままだと見劣りする場合があるのもわかる。たとえば500円玉と500円分のスタバのドリンク券を比べたとき、後者のほうがスタバというブランドでパッケージされているぶん品がありそうで、プレゼント感も出る。でも、もらう側からしたら、500円玉をぽいっと手渡しされたほうが圧倒的に嬉しいのだ。

さらにいえば、ローソンやセブン・イレブンのコーヒー無料引換券（100円分）もよくもらうのだが、僕はコンビニでコーヒーを買わないので、絶対に使わない。だから、コーヒー券をくれた依頼者に対して「ありがとうございます」というのに最近ストレスを感じている。この際だからはっきりいっておこう。少額でも現金のほうが嬉しいので、どうしてもお礼がしたいという人は現金をください。

無料を謳っておきながら矛盾するかもしれないが、お金をもらえる可能性があるならもらいたい。というのも、国分寺から依頼の目的地まで向かうとき、交通費は高いけど早く着けるルートと、交通費は安いけど時間がかかるルートがあったとき、ストレスなく前者を選べるようになるために、１００円でも２００円でもありがたいのだ。

✉一度やってみたいと思いつつ実現させなかったことの1つに「一日中山手線で座って過ごす」というものがあります。

きっと一人ですることも乙なのでしょうが、隣で誰かがいて、取り留めのないことを喋りながら一日過ごすというのも良いなと思い、お願いさせていただきました。

✎今日はこの切符で山手線を終電までひたすら回り続けます。「山手線で1日過ごしてみたいので同席してほしい」との依頼で山手線を13周した（都区内パスを使わないと不正乗車になるので注意)。リアルな群像劇を観てるようで面白かったが、混んでくると1人分のスペースを割いてることに申し訳なさも感じた。

いまのところ最も長い時間拘束されたのは右記の依頼だ。僕としては、依頼で長時間拘束されることにはなんら抵抗がない。人の時間を拘束することのなにがいけないのかわからないし、双方が納得しているのであれば、そこにお金が発生しなくたって全然構わないと思っている。

一方で、「人の時間を拘束させていただくのはこういうことだと思っているので」と、現金で1万5000円をくれた依頼者もいた。

その依頼内容は「ディズニーランドに同行してほしい」というものだった。聞けば、この依頼者は、人にお金を使って何かするのが好きという女性で、しかし普段はその使いどころがあんまりなく、「人に対してお金を使うことに飢えている」とのことだった。そこでなぜディズニーランドなのかというとちょっと複雑なのだが、まず彼女は東北地方在住で、ディズニーランドで結婚式を挙げる友人を祝うために東京に出てきていた。そして、結婚式に出席する予定の友人と、式の前日にディズニーランドで遊ぶ約束をしていたのだが、その友人に急用ができてしまったためチケットが1枚余ったのだそうだ。そこで「一人で回ってもよかったのですが、ちょっと虚しい気もしたから」と、「レンタルなんもしない人」を呼んだのだった。

ディズニーランドに同行した日は、当然チケット代は依頼者持ちで、僕はただただいろんな食べ物をおごってもらい、なおかつ依頼者の地元のお土産を持ちきれないくらいたくさんもらった。そのうえで、1万5000円が入った封筒を手渡されたのだ。一応、それは交通費込みということだったが、僕の家からディズニーランドまでの往復分の交通費はもらった金額の10分の1にも満たない。この依頼はまだ「レンタルなんもしない人」のサービスを始めて間もないころ受けたものだったので、そのときはただただ恐縮するばかりだったのだが、いまにして思うと「時間を拘束すること」の捉え方も、「謝礼」の相場も人それぞれで面白い。

もちろん、前述した通り僕個人としては何時間拘束されても構わないし、僕のことを何時間も拘束しても平気な人がいたとしてもそれに対してネガティブな感情を抱くこともない。もともと無料でサービスを始めたのだから、当然謝礼を求めてもいない。

あるいは、別に謝礼や報酬というかたちでなくても、たとえば依頼者が「なんもしない人」をレンタルした直後にそのことをツイッターでつぶやいてくれたりしたら、口コミ的な意味で、それはある種の返礼として十分だとも思う。そうやって熱心にツイートしてくれる依頼者はきっとこの本も買ってくれるんじゃないかという期待もちょっとある。もし買ってくれたなら、それは謝礼的なお金が発生するポイントがズレているだけで、数ヶ月後に印税というかたちで僕の口座に振り込まれるのでどうぞよしなに。

ちなみに、このディズニーランドで1万5000円をくれた依頼者はリピートしてくれた。その内容は、ちょうどクリスマスが近かったからかもしれないが「お金をかけたプレゼントを誰かに贈りたい」というもの。依頼者は贈り物を選ぶことも好きなのだそうだ。そして、その依頼文はこう続いた。「でも、友人や知人に贈るとお返しを求めているように思われて気を遣わせてしまうかもしれないから、レンタルさんに贈りたいです。なので住所を教えてくれませんか？」と。僕が住所を伝えると「お肉とお米を贈りたい」との返事をくれたのだが、うちは夫婦そろってズボラで米を研ぐ習慣がないため「お米は無洗米にしてもらっていいですか？」と厚かましく打診したところ「おいしい無洗米を探しておきます。そういうのを探すのが好きなんです」と快諾してくれた。後日、依頼者の地元である東北のおいしいお肉と無洗米が我が家に届けられた。

「誰かに食事をおごりたい」という依頼もあった。正直にいえば、僕は「人におごりたい」という感情を生まれてから一度も抱いたことがない。この依頼者も女性で「いつも男性におごられてばかりで、気を遣ってしょうがない」らしく、「だから自分が誰かにご馳走するかたちで、気兼ねなくおいしいものが食べたい」とのことだった。

依頼の通り、当日は新宿にある某高級レストランでめちゃくちゃ高価でおいしいものをたらふくご馳走になった。目の前でフォアグラとかが焼かれているところなんて初めて見たし、もう二度と見ることはないかもしれない。自分がこんな高級料理をタダで食べているということが不思議でしょうがなかったし、「世の中には奇特な人がいるもんだなあ」と感じ入った。

そうやって一方的におごられることに対して僕が居心地の悪さみたいなものを感じるかといえば、もちろん感じない。それが友達同士であればそれこそ「割り勘にしよう」と申し出るかもしれないけれど、依頼者と僕のあいだには、それらしい人間関係はない。だから僕としては「おごられてあげた」という感覚だし、ギフト券や現金をもらう際も「もらってあげた」と最近は感じるようになっている。

それを指して、この本を僕に代わって書いてくれているライターさんは「それって賽銭《さいせん》箱みたいな感覚ですか？」と聞いてきた。僕は賽銭箱になったことがないから、実際のところはわからない。でも、賽銭箱とはちょっと違う気がする。

なぜなら賽銭箱に賽銭を投げ入れる人のほとんどは、将来のご利益を期待しているだろうからだ。つまりご利益にあずかる手段として賽銭を投じているわけだが、僕に対してギフト券なりお金なりをくれる人は、賽銭を投げる行為それ自体が目的なのだと思う。人になにかをあげることで自分が気持ちよくなれるとか、自己肯定感を得られるとか、そういうことなんじゃないか。だから、うまい喩《たと》えが見つからないのだけれど、強いていうならペットにエサをやる感覚に近いのかもしれない。ペットとしては、エサをもらったら遠慮なくいただくしかない。

「レンタルなんもしない人」を通して、僕はお金について、実にいろいろな価値観に触れた。いまの社会で生きるうえでは、お金はほしいし、お金がないとストレスなく生きていくのはむずかしい。なにか行動を起こすときも、ふつうなら「お金」のことに思い至りやすい。しかし、だから新しいものがなかなか生まれないのでは、と思う。最上段にそれを掲げてしまうと、すごくつまらないことしかできないし、ストレスなく生きていくために求めていたはずが、かえってストレスを抱える要因になるという本末転倒を起こしかねない。だからお金はいったん脇に置く。すると、いまの活動に限っていえば、新しい面白さにつながっている。それはやがて、お金を生み得るものになるのではとも思う。依頼者から料金をもらってしまうとその流れは小さく完結してしまう、と本書の冒頭でいったのも、ここに関わっている。お金というわかりやすい価値尺度をいったん手放すことで、お金を介在させた既存のサービスにはない多種多様な価値観にもとづいた多種多様な関係性が生まれるのではないか。

僕の活動に対して「新手のヒモ」「新手の乞食《こじき》」というコメントもあったけれど、そういうのも多様な関係性のなかの一つとしてあっていいと思うし、「新手の」って付いているから多少の新奇性は感じてくれているんだな、とわりと好意的に受け取っている。

⮂

✎人類の営みをすべて「飯の種」と捉えなければ気が済まない思考回路っぽい人には「自分はライター業をやっていて、今は取材に集中している段階と言える。交通費や諸経費の負担なしにいろんな経験ができるんだから、取材のやり方としてうまいでしよ」みたいに説明してます。

「レンタルなんもしない人」のサービスを始めた当初、自分には妻と子供がいて、妻からはこの活動を一応は応援してもらっていて、なおかついまは貯金で生活しているということを、何度かツイートしなければならなかった。それはフォロワーの人から僕が何者なのかを聞かれたからそう答えただけであって、それ以上の意図はなかったのだけれど、結果的に、ちゃんと周知しておいたおかげで依頼者の警戒心をいくらか軽くしているとは思う。

仮に妻から賛同を得られていなかったら「働きもせずになにやってんだこいつ？」みたいな感じで、蔑《さげす》まれていたかもしれない。いや、別に家族うんぬんとは関係なくシンプルに僕のことを蔑んでいる人はいるかもしれないけれど、少なくとも依頼者としてはより安心感を得られるはずだし、依頼する際も罪悪感を覚えずに済むのではないか。

なにがいいたいのかというと、僕は家族の反対を押し切って自分のエゴだけでこのサービスをやっているわけではないし、いまのところは金銭面で逼迫《ひっぱく》していないから、依頼をするにあたってはそんなに気を遣わなくて大丈夫ですよと。「こんなくだらない依頼で時間を拘束してしまっていいのだろうか？」とか、一切考えなくていい。

それでも、やはり気を遣ってくれる依頼者はいる。たとえば先のディズニーランドに同行した依頼者もその一人だった。彼女が「拘束料」として1万5000円をくれたのは先に述べた通りだが、じつはこのとき、僕に対して早めに依頼を切り上げるように促してもいた。彼女は僕に家族がいることを知ったうえで依頼をしてくれたのだけれども、そのときはまだ僕に当時0歳の子供がいることは伝えていなかった。だから、ディズニーランドに同行中に僕がふと自分の子供のことを話したら「えっ、お子さんがいらっしゃるんですか？　じゃあ、早く帰ったほうがいいですよ」と。結果、本当は夜まで同行するつもりだったのが、予定より早く解散することになった。

そこで初めて、家族がいたらいたでそういう気の遣われ方もするのだなと思った。そして、そういう気の遣われ方をされることが僕にとってありがたいことかといえば、全然そんなことはない。こちらは仕事としてやっているのだし、依頼者が僕の家族の心配をする必要は一切ないからだ。

一応、誤解のないように断っておくと、ディズニーランドの同行はとても楽しかったし、二度目の依頼で送ってもらったお肉と無洗米もおいしくいただいた。また似たような依頼があれば喜んで受けるだろう。そして、「子供がいるなら早く帰ったほうがいい」という気遣いができるということ自体は素晴らしいことだと思う。ただし、「レンタルなんもしない人」のサービスを利用するにあたっては、そういう気遣いは無用なのだ。

僕が会社勤めをしていたころは、「やりたいことではないけれど、お金のために働こう」と思ってみたこともあったが、それを継続するのは難しかった。そしてそのあと、一時的に仮想通貨を手にした。すぐに飽きて手放してしまったけれど、それまでは「お金＝労働の対価」という価値観しかなかったところに、それ以外でもお金が発生するところがいっぱいあるんだ、ということを知った。その変遷があり、いまの「なんもしない人」に辿り着いている。お金がないとできないこともあるけれど、お金をあきらめたことでお金以外のものが手に入るようになったし、お金とは、結局のところ便利で使いやすいツールにすぎないということもわかった。

ついでにもう一つ正直にいうと、今後、妻にこの活動が応援されなくなる可能性も十分にある。それは、貯金が尽きて立ちゆかなくなったときだ。


✉こんにちは。

以前、借金の滞納先へ電話するのにご一緒して欲しいという依頼をした者です。

今月分の返済をすべて完了できました！　何かの支払期限を守れたのは本当に久しぶりで、まともな人に近付いている気がしてめちゃくちゃ嬉しいです。

ただ、上がったテンションのせいか無駄遣いしたい欲が半端ないので発散させてくだ

さい。使う使わないはご自由になさってください。

借金を滞納してる依頼者から、今月分の返済をすべて完了したとの報告。またアマギフをくれた。生粋の浪費癖を感じる。

5　AIに対抗しない

有能であろうとしない

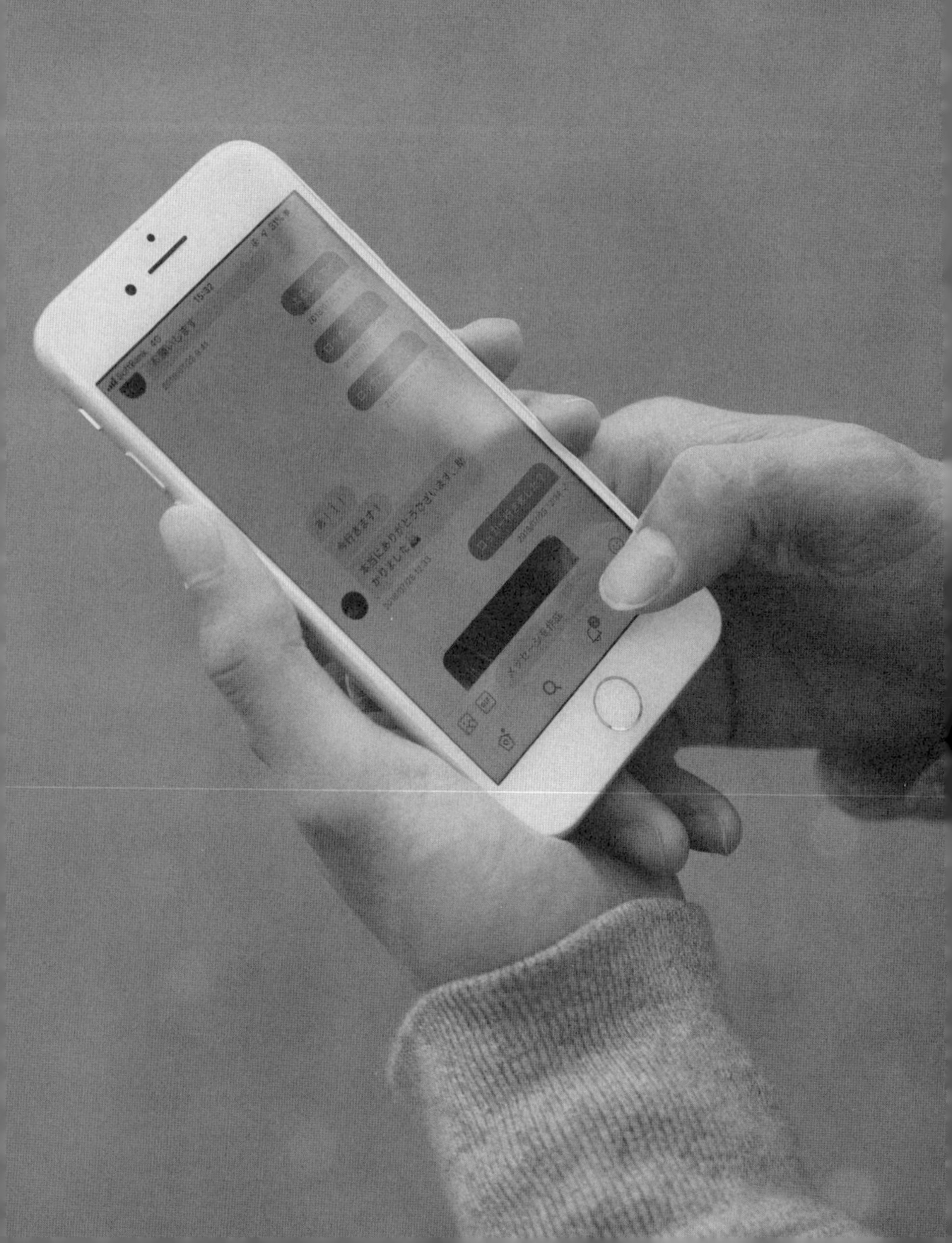

✉今週中にやることメモりたいのですが、リマインダーもメモも結局忘れるので、ＤＭ欄にメモ残して良いですか？（今だけ）
人に送りつけてたらちゃんと覚えていられそうなので

✎了解です。

✉ニトリ入金
ＨＩＳ入金

✉完了
有り難うございます

世の中を生きていくことは、常に「なにかしなくては」という義務感に駆られている状態だと思う。そしてなにかを達成したあとは、「より良く」「より速く」「よりたくさん」成し遂げることを期待される。しかし「なんもしない」ことを謳《うた》って人と関わりはじめたとき、「なにかをする／できる」とは異なる要素を求める人が意外と多いことに気づいた。「レンタルなんもしない人」への依頼のなかには、ツイッターのDMで「決められた文言をただ返す」というものもある。自分のツイートで説明しているのでそのまま載せておく。

✎「ペットの写真を送るのでそれを見て『信じられないぐらい可愛いですね』と言ってほしい」という依頼。こういうDMで完結する依頼も、文言指定なら引き受けてます。途中で動画をはさんできたり、最後に自分の顔を送ってきたりと変則的なことされたけど、指定の文言を無心で返しとけばいいので大丈夫です。

✎自分の身に起こったレアな出来事に対して「おー、すごいね」と言ってほしいという依頼。今年ひいた2枚のおみくじが一言一句おなじだったとのこと。本当にレアだと思い引き受けた。おみくじに「もういっかい言うね」をやられるの、すごい経験だと思うし、この人は今年絶対にこの運勢なんだろうと思った。

たとえば「朝の○時に××とDMを送ってください」とか、ずいぶん前にＡＩやスマホのリマインダーに取って代わられた仕事をしばしば（一時期は大量に）頼まれる。「なぜいまさら人間に頼む？」という依頼が支持される背景にはなにがあるのだろう。

人間は完璧にものごとをこなせなくても、ミスをするから成功したときに嬉しいし、それが他者にも影響を与える。拙《つたな》くとも嘘がないから信頼に足るということだってあるんじゃないか。その見立ては間違いじゃなかったと、この仕事を始めて実感している。

要は、僕が現場におもむいて「同席」や「同行」することによって人間一人分の存在を差し出すまでもなく、オンラインで返信するだけで達成できてしまう依頼なのだが、それで満足する人もけっこういる。こういうのは単純にＡＩとかでも代用できそうだと思う一方で、やはりＡＩと「レンタルなんもしない人」の違いはあると思う。

たとえば「うなずきん」という、こちらがなにか話しかけると頷いたり首を振ったりして反応してくれるおもちゃが一時期流行った。ただ、あくまで僕の感想だが、これはかわいい人形がかわいく頷くのがかわいいから評判になっただけで、それによって本気で心が満たされている人は稀なんじゃないか。

コンピュータやネットワークを使用したシステムなら「決められた文言をただ返す」というタスクを、ほぼ１００パーセントの確率で難なく完遂してくれるだろう。でも「レンタルなんもしない人」という人間の場合は、まずそのタスクを依頼として受理してもらわないといけないというハードルがある。依頼者としては「こんなしょうもない頼みごとを引き受けてくれるだろうか？」と心配するかもしれないし、引き受けてくれたとしても「DMを送ったときにレンタルさんがなにか別のことをしてて気づかなかったらどうしよう？」とか「指定した文言を間違えずに打ってくれるかな？」とか、不安に思うかもしれない。そういう諸々の不確定要素、言い換えるなら人間の欠陥を乗り越えて依頼が実行されるわけなので、その過程というか手間にちょっとした愛おしさみたいなものを感じるんじゃないか。

ＡＩだったらできて当たり前のことを、できて当たり前じゃない人間にわざわざ頼むことでそういう効果が得られるのだとしたら、スペックの低さが人間の持ち味なのかもしれない。

「スペック」とは、「仕様」を意味する英語の「specification」を略したもので、一般的にはパソコンなどの工業製品の性能や機能を示すことが多い。「カタログスペック」とか「基本スペック」みたいな感じで。これを人間に当てはめるなら、足が速いとか英語が喋れるとかコミュニケーション能力が高いとか、あるいは弁護士や会計士の資格を取得できるくらいなんらかの専門分野に秀でているとか、そういうことになると思う。

その点でいうと、「レンタルなんもしない人」のスペックの低さには自信がある。「スペックゼロ」といってもいい。僕自身がなにもできないから「なんもしない」ことを始めたくらいなのだから。

活動を始めてまだ3ヶ月程度だったころ、それまでのどの依頼よりも一際大きな反響があったのは次の依頼だった。

✉明日の朝6時に私に「体操服」とDMを送って頂けますでしょうか。

いってみればリマインダーとして「レンタルなんもしない人」が利用されたのだけれど、僕は「了解です」と返信し、翌朝の6時ジャストに「体操服」とだけ送った。そのやりとりをスクショして「ここ最近でいちばん地味な依頼です」と添えてツイートしたら2万件以上リツイートされ、8万3000件以上「いいね」されるというものすごい反響があった。「レンタルなんもしない人」のフォロワー数が大きく伸びたのもこのタイミングだった。

当時はただただ予想外で驚いただけだったけれど、いま思えばこれも人間が6時きっかりにDMを送っているのがウケたのだろう。朝6時にDMを送るためには、その5分か10分前には起きて、スマホで「体操服」と文字を打ち込み、時計を見ながら6時になったらすぐ送信ボタンを押せるようにスタンバイしておかなければならない。それを乗り越えて達成された依頼だから、あるいはその過程が想像できたからか、多くの人にこのツイートが面白がられたんじゃないんだろうか。

こんなリプライをもらった。

朝イチに結構たいへんな依頼じゃないですか！笑　これ便利ですよと教えてあげてくださいw　remine.akira108.com[※]

（※「リマインくん」というLINE用のパーソナルリマインダーbot）

えっ、これを無料でやってたら…　モーニングコールよりすごい…

6時ちょうどに送信するレンタルなんもしない人さんの姿勢に涙

🗨アラーム使えばいいのに…やさしい！

🗨ボランティアで朝から早起きしてこんなことしてるんですか？　凄いですね！

僕は実際にそれを経験したからわかるのだが、時間ぴったりにDMを送るという作業はそう簡単ではなかった。あと、「ボランティア」といっている人がいるけれど、第4章で説明した通り、「レンタルなんもしない人」の活動はボランティアではないと、再度断っておく。

ついでにいうと、この依頼には続きがある。以下はそれを報告した僕のツイートだ。

✎体操服忘れず持っていけたみたいなんですが、行きのバスの中に置いていってしまったようです。そのせいか分からないですが、「15時に『事務室』と送ってほしい」という追加の依頼も発生しました。

この「体操服」の依頼がバズってからリマインダー的な依頼が大量に来た。誇張ではなく毎日30件くらい同じようなのが来て大変だったので、基本的には断っていたけれど、気が向いたらたまに引き受けている。それは、たとえばこういう大事そうな案件だ。

✉**すみません。今日SEXするかも知れないので12時に爪切れって連絡してほしいのです**

そもそもDMを送るのは「なんもしない」の範疇《はんちゅう》に入るのか。自分でもけっこう微妙だなと思っている。「体操服」のときは、「簡単なうけこたえ」の延長とみなせなくもないから「1回くらいだったらいいかな」と思って引き受けたのだが、もともと「なんもしない／なんかする」の線引きがひどく曖昧《あいまい》なのは先に述べた通りなので、そのへんはご容赦いただきたい。

少し話が逸れるけれど、「人間だからできること」という点で、また現時点で一番大きくバズったツイートとして次の依頼を紹介したい。

✉**依頼内容：散歩中の愛犬と遭遇し甘やかす**
依頼したい理由：私の愛犬は、人間が大好きな（人なつっこいという範疇を超えてい

ます）犬です。散歩中、犬連れではない通りがかりの人にも愛情を示し尻尾振ってい
る始末です。しかし、犬連れではない人には大抵無視されるのでしょげています。犬
連れの飼い主さんには可愛がってもらえることも多いのですが、お互い散歩中のため
時間に限度があり別れようとすると切ない声を出ししつこく迫ったりもします。相手
の方にもしつこすぎると思われない様に、飼い主として駆け引きを試みていますが、
愛犬はいつも物足りなさそうにしています。〈略〉人間全方位に愛情を振りまき、そ
の大抵が不発におわり少し落ち込んでいる犬（ポジティブなのですぐ忘れている模
様）を見るたび少し心が痛む為、たまには赤の他人に構ってもらい満足してほしいな
と思います。
ここで、レンタルなんもしない人には通りがかりの赤の他人を装って（？）散歩中に
愛犬と遭遇し構っていただきたいのです。

「散歩中の愛犬と遭遇してほしい」という依頼。依頼理由に愛が溢れてる。駅で別れたあと尻尾を下ろして寂しそうにしてたとのこと。めちゃくちゃかわいかった……。

このツイートは現時点で約17万の「いいね」がついている。思わず感情移入してしまう

可愛い犬の写真に訴求力があったのかもしれないし、依頼文そのもののよさもあったのかもしれない。あるいはこの日が「ネコの日」だったから犬好きのフラストレーションが溜まっていたのかもしれない。いずれにしても、僕としては「犬」というより犬を愛でる「人間」にスポットライトの当たった依頼だったように感じている。さっきの「リマインダー」の依頼とは逆に、「これをAIがやったらどういう反響があるだろう」という興味がそそられる。なお、僕がひとしきり犬をさわったあと、依頼者はお手拭きを渡してくれた。通行人に愛犬をさわってもらったときのために、いつも数枚持ち歩いているらしい。すべてが完璧に優しく、じつに人間的な依頼だった。

⤻⤼

AIが話題になりはじめたころ、「このままAIが進化すると人間の仕事がAIに奪われる」と警鐘を鳴らす人がいた。人間よりスペックの高いAIのほうが作業効率がいいから、必然的に人間の労働者が不要になるということだ。その一方で、「介護ロボットに介護させるのは要介護者がかわいそう」といった声も聞かれる。その場合はスペックを度外視した人間の需要があるという見方ができるかもしれない。

「レンタルなんもしない人」をリマインダー代わりに使いたい人が多いというのは、感覚的には後者に近いのではないかといわれたことがあるのだけれど、自分としてはそんな大層なものではない気がする。かっこつけた言い方をすれば、ある種のパフォーマンスやアートに近いものなのかなと思っている。効率のよさに逆らうバカバカしさを面白がっている感じといえばよいのだろうか。

つまりAIが普及したり自動化が進んだりしていく社会に対して、反発というよりは「なんとなくつまんなくね？」みたいな、わざわざ言語化するほどでもないシラけた気分が共有されていたところに「体操服」のツイートがポンと投げ入れられ、「そういうの待ってた！」的な感じで盛り上がったんじゃないかと思う。そしてミスをする可能性のある人間にわざわざ頼むことのおかしさ、あるいは「人間はミスをする可能性がある」という不確定要素が、リマインダー的な需要につながっている気がする。まあ、後付けでいま考えたのだけれど。

その根拠といえるかわからないけれど、この手の依頼が達成された際の依頼者の喜び方がハンパではないのだ。なにがそんなに嬉しいのか僕としては不思議なのだけれど、だいたい50パーセントくらいの確率でスタバのドリンク券かアマゾンのギフト券が送られてくる。それくらい喜んでいる。

「卒業論文２万字を書き終えたら報告するので『おつ』と労《ねぎら》ってほしい」という依頼。精神的に追いつめられ、締切の６日前時点で１文字も書いてない状態だったが、さっき無事に報告がきた。指定通り「おつ」とだけ返したら、アマゾンギフト券２０００円が送られてきた。文字単価１０００円という超高給仕事となった。

もちろん、僕のＤＭに心がこもっていないことは依頼者もわかっているはずだ。僕は依頼者の希望する文面を機械的に打ち込み、無心で送信しているだけなのだから。自分でいうのもなんだが、そこには「レンタルなんもしない人」という固有名詞、もっといえばネームバリューが介在しているとも思う。

要するに、そこそこ知名度と影響力のある人がわざわざ自分のためにＤＭを送ってくれたから、嬉しい。事実、「あのレンタルさんから本当に返信が来た！」みたいな喜び方をされることもあるし。そうでなければ、人間が手動でおこなっていること自体に価値を見出しているとはいえ、アマギフを送るほどの嬉しさには届かないんじゃないか。

単純なリマインダー系の依頼ではないが、DM上で完結するタイプの依頼で印象に残っているものがある。

✎「結婚式に招かれたがそんな仲良いわけではなく行きたくない。正直に伝えてむやみに相手の感情を刺激するのは避けたいが嘘つくのも嫌。なので人（なんもしない人）との約束があることにさせてほしい。そして当日、朝イチでドタキャンしてくれ」という依頼、「なんもしない」の尺度で現在トップにきてる。

このツイートに書いた通り、依頼者は知人の結婚式に出席するのを嫌がっている。しかし理由もなく断るのは角が立つから、当日に約束があるフリをしてほしいと。なかなかに味わい深く、かつテクニカルな依頼だと思う。

この場合、「レンタルなんもしない人」を利用してもしなくても、結婚式に招待してくれた相手に対して「その日は約束があるので残念ながら出席できません」と伝えるという結果も、相手に与える印象も変わらない。でも、依頼者としてはその「約束」が本当にあったことにして後ろめたさを軽減したいわけで、僕は「なんもしない」ことでその片棒をかつぐことになる。

もしかしたら依頼者は「自分は結婚式の招待を断るためにこれだけのことやったんだ」という言い訳がほしかったのかもしれない。これには、方向性はまったく違うけれども、プレゼントを丁寧にラッピングするのと近いものを感じた。要するに、プレゼントをもらう側は、それが丁寧にラッピングされていようがいまいが、最も気になるのはその中身だ。しかし贈った側としては「自分はプレゼントを贈るに際してこれだけのことをやった」という満足感が得られるんじゃないかと思う。

まあ僕としては、嘘をつくのを回避するためにわざわざ誰かとの約束をでっち上げる（結局これもドタキャンが前提なのだから、嘘としていくぶんマイルドになるかもしれないけれど嘘は嘘だ）というコストをかけるよりは、そのまま嘘をついたほうが楽な気がする。しかし、依頼者には自分を納得させるための手続きみたいなものが必要だったのだろう。

あるいは単純に、結婚式を欠席するために嘘をついたことを記憶しておきたかったのかもしれない。何気に、嘘というのはついたことをきちんと覚えておかないと、あとで困ったことになる。つまり、嘘はバレた時点で嘘になるから、嘘を本当にしておくためには嘘をついたあとも辻褄を合わせてその嘘を継続させておかなければいけないケースも出てくる。であれば、この依頼者が「あのときは人と約束があって行けなかった」という嘘を自分のなかで確固たるものにしたいという思いから「レンタルなんもしない人」と実際に約束をしたと考えれば、僕としては納得がいく。

そういえば、僕もちょっと気の進まない依頼を受けたとき、かつ何回かリピートしてくれている依頼者の依頼であっさり断るのがためらわれるときなどは「この依頼と同日、同時刻に別の人からの依頼が舞い込んでこないかな」と思ったりもする。たとえそれが嘘でも、「気が進まないから」という理由で断るより、「ほかの依頼が入っているから」という理由で断るほうがストレスは軽いだろうし、同じ依頼者からの次の依頼もなに食わぬ顔で受けられるような気がする。

と、あれこれ考察みたいなことをしてみたけれど、この「約束をドタキャンしてほしい」という依頼は、当日にドタキャンの連絡を入れるのをうっかり忘れてしまい、本当に「なんもしない」まま終わってしまった。

ドタキャンといえば、次のようなかたちで「なんもしない」ことで図らずも依頼者に貢献できてしまったケースもある。

「井の頭公園のボートに一緒に乗ってほしい」との依頼があり、しかし急遽面接が入ってキャンセルに、ということがあったんですが、誰かとの約束をキャンセルして臨む面接は頑張れたとのこと。「レンタルなんもしない人」の効果とするにはやや苦しいが、キャンセル自由なのでこういう使い方もあります。

このツイートに添付した依頼者からのお礼のDMがこちら。

✉面接は無事に終了しました。改めまして今日はどうもです。おかげさまでキャンセルしてしまった分も頑張らなければ!と若干いつもより手ごたえがありました 笑
この手があったか…

⇅

リマインダーとはちょっと違うけれど、AIの通訳みたいなことを依頼されたこともある。それはこんな依頼文だった。

✉ごく簡単な受け答えとありますが携帯電話の自動音声案内の数字を聞いてその場で教

えて頂くことは可能でしょうか？
短い数字ですので、全体で3分もかからず終わるかと存じます。
というのも耳が不自由なので電話での聞き取りが出来かねず、自動音声案内の数字のところで行き詰まっている状態です。
現状、周辺に聞こえる人がおらず大変困っており、こうしてお尋ねした次第です。ご依頼内容の検討を願えないでしょうか。

この依頼をこなしたのち、僕は右記の依頼文のスクショを貼ってこうツイートした。

「携帯電話の自動音声案内をきき、読み上げられた数字を教えてほしい」という依頼。銀行口座の手続きとかでよくあるやつですが、依頼者は耳が不自由でききとれず行き詰まってたとのこと。会ってすぐ携帯を渡され、耳を当て、きこえた数字を伝えて完了。所要時間は5分ほど。最速レンタル記録を更新した。

正直、この依頼は極めてボランティア性が高いというか、「レンタルなんもしない人」の仕事としてはちょっといい話すぎるなと思い、半ば照れ隠しで「最速レンタル記録を更新した」と茶化す方向でツイートした。そうしたらその依頼者からDMが来て「最速レンタル記録というのは少々こそばゆい感じがしましたが、同じように困っている人がいると思うので、公表してくれてありがたかったです」とお礼をいただいた。

再三にわたり断っている通り、僕はボランティア精神というものを持ち合わせてはいない。けれど、この「レンタルなんもしない人」のサービスを通して、世の中には僕の想像をはるかに超えた、いろんな困り方のバリエーションがあるのだということがわかった。そしてスペックゼロの「なんもしない人」が、多少はそれらの困りごとを解決するのに役立っているということも。

ただし、この聞き取りの依頼に関しては、依頼文に単純に「自動音声案内を聞いて教えてほしい」と書いてあったら、もしかすると「なんかしている」ような印象を受けて断っていたかもしれない。でも、この依頼者は前掲の通り「自動音声案内の数字を聞いてその場で教えて頂くことは可能でしょうか？」という問い合わせのしかたをしてくれた。そこに、なんとなく「レンタルなんもしない人」のスタンスに理解がありそうだと感じて引き受けたところもある。そういうのを感じると、「なんもしない」に反しそうなことでも前向きに検討してしまう。

なお、この「最速レンタル記録」は、それから10日も経たずに更新された。その依頼の依頼文と僕のツイートは次の通り。

自分は今大学生なのですが、朝起きられず単位を落としそうです。これ以上休む訳にはいかないので、誰かと待ち合わせをすれば起きれるのでは？と思い連絡した次第です。

「待ち合わせをしてほしい」という依頼で待ち合わせをした。依頼者も定刻通り待ち合わせ場所に現れ、無事に授業に出られたとのこと。出会った瞬間別れたので、また最短レンタル記録が更新された。

「レンタルなんもしない人」のベーシックな機能は、「一人分の存在を一時的に提供すること」だ。その機能のみが発揮される典型的な依頼は「自宅の掃除をするのを見守ってほしい」とか「仕事をサボらないか見ていてほしい」といった類いのものだ。「見守ってほしい」といわれているけれど、実際は見ていないことのほうが多い。ただそこにいるだけだ。そうした依頼をこなすには、極端な話、僕に人間としての外見と人間としての質量があれば足りる。やはりスペックの高さは一切必要ない。

✎「休日に家で1人で勉強するのに集中できないから家に来て、ただ居てくれ」との依頼があり、片道2時間半かけてただ居にいった。本が多く、文芸雑誌や、ハードカバーの高そうなのも充実した、居がいのある部屋だった。『モモ』の戻し場所をまちがえたのはプロ意識に欠けてた。

このツイートのように、依頼のために一人暮らしの人の家に行くケースはけっこう多い。その際、別に「部屋の掃除をしたい」という依頼でなくても、僕を部屋に招き入れるにあたってある程度は部屋をきれいにしておきたいという心理が働くようで、僕が「いる」ことをしに行くだけで勝手に部屋が片付くという副次的な効果も発生する。やはり赤の他人であっても散らかった部屋を見られるのは恥ずかしいらしい。

✎「在宅での仕事があるが、1人だと怠けちゃうので同席してほしい」という依頼。見張ってなくとも、近くに人間がいるというだけで全然違うらしい。こういう依頼は開始当初から結構あり、オーソドックスな利用シーンになりつつある。「人がくることで部屋が片付く」という副次効果もいつも通り観測された。

このように人間としてのスペックを期待されない、もしくはスペックゼロでも貢献できる依頼は「なんもしない人」冥利《みょうり》に尽きる。が、あまりにナチュラルに「ただそこにいる」ことをこなしてしまったがために、ちょっと複雑な気分になることもないではない。

✎「自宅に1人での勉強は集中できないから同席願う」との依頼が同じ人から2回あったんですが、2回目は駅までの出迎えもなくこちらの記憶を頼りに部屋まで行きスッと入室、部屋で特になにもせず過ごし、時間になりスッと立ち去るという感じで、これまで以上に「俺は一体なんなんだ」という思いがこみ上げた。

一人暮らしの人の家に一定時間滞在するパターンの依頼には「手料理を食べてほしい」というものもある。ある依頼者の女性は、将来的に飲食店を開業することに興味があり、「自分が作った料理を知らない人に食べてもらうという経験がしたい」とのことだった。手料理を食べた感想としては「おいしかった」しかなかったのでそのまま伝えたところ

「よかった」という反応が返ってきた。

ちなみに彼女は既婚者で、夫の留守中に僕がお邪魔するというなかなかに背徳感のあるシチュエーションだった。この依頼を受けたのは２０１８年６月の初頭、つまりまだ僕が「レンタルなんもしない人」のサービスを始めた直後で、「なんもしない」ということの意味合いを模索している時期でもあった。だからふいにこの状況を俯瞰で見てしまったというか、「なんもしない人」という名称が、女性と二人でいる状況ではまた別の「なんもしない」意味も持つことに気づいてちょっと笑えた。

というのも依頼者の自宅に滞在中、たまたま依頼者の母親から電話がかかってきたのだが、依頼者はちょっと変わった人で「いま、なんもしない人が来てるの。代わるね」といってスマホを手渡してきたのだ。しょうがないので『レンタルなんもしない人』です」と自己紹介したところ「浮気じゃないの？」「いえ、断じてなんもしてないです」というわけのわからないやりとりが交わされた。

⮃

純粋に「人間一人分の存在を提供する」というタイプの依頼は、会議などの場でも適用される。その際の僕の実況ツイートがこちら。

✎知らない会社の人たちによる知らないサービスの開発会議に出席させられてる。

✎みんなパソコン見てるなかバーガー食ってる。

✎会議が盛り上がってきてるところにガトーショコラきた。

ご覧の通りなんもしていないが、こんなにも自分が参加することを望まれている会議に出席したことはいまだかつてなかった。依頼をしてくれたのはその会社の社長さんで、会議の場に知らない人を一人置くことで、いつもの感じ、すなわち内輪感みたいなものを打ち消したかったようだ。

まあ、会議が始まってすぐに僕が「レンタルなんもしない人」だということはバレてしまったのだけれど、会議に参加したメンバーの人たちは、たぶん、部外者の僕でも意味がわかるように専門用語や社内の共通言語を避けて、言葉を選んでくれていたように思う。もしかしたら、その会社がサービスを提供する対象を思い浮かべやすい状況だったのかもしれない。要は、サービスを提供する側からすると当たり前だと思っていることが、じつはサービスを受ける側からしたらよくわからなかったりする。そういうことが可視化されたことで、ひょっとしたら会議に参加した人たちの視野が広がったんじゃないか。

というのも、僕は基本的にはハンバーガーやガトーショコラをむしゃむしゃ食べていただけだけれど、たまに社長さんに「これはどう思いますか？」とか「このイラストがなにを指しているかわかりますか？」と聞かれて「わかりません」と答えたりしていた。それは僕がその会社や、会社が提供しているサービスについてなにも知らなかったからだが、なにも知らないぶん、いわゆるモニターとして実用的な働きをしてしまったのだと思う。

僕が「レンタルなんもしない人」のサービスを始めたとき、最も多く利用されそうだと思っていたのはこの会議のように、複数の人がいる場所で一人分の存在を提供するというケースだった。具体的にイメージしたのは会議ではなく、パーティーや飲み会、バーベキューといったエンタメ感のあるシーンで「なんもしない人」が置かれているところだったけれど。

しかし、実際に始めてみると、「同席」にせよ「同行」にせよ、依頼者と僕が一対一になる場合が圧倒的に多い。というかほとんどが一対一だ。これはちょっと想像していなかった。僕が依頼者だったら、「レンタルなんもしない人」と一対一で過ごさなければならなくなるような依頼はしない。そういう意味では依頼者の人たちはけっこう度胸があるなと思う。

このように僕と依頼者の関係は、ほぼほぼ一対一の関係で成り立っているといえるが、ツイッターという媒体をベースにしている以上、フォロワー、非フォロワーを問わずそこには多くの「観客」と呼べる人たちもいる。だからある意味、「レンタルなんもしない人」という存在は、僕と依頼者と不特定多数の観客の三者で成り立っているといえる。そして、観客はいつでも依頼者としてステージに上がれる立場にあるし、依頼者もまた客席からステージを見ることができる。

これはほとんど自画自賛になるけれども、そうやって誰もが当事者意識を持てるから「レンタルなんもしない人」の活動が面白がられているし、僕のツイートに対する反応も妙に生き生きしているんじゃないか。誰も他人事《ひとごと》だと思ってないし、ツイートするたびに観客側の人たちは「レンタルさんにはそういう使い方もあるのか」といちいち感心しているような空気を感じるのだ。

当事者意識ということに絡めていえば、以前、ある受験生から「励ましてほしい」という依頼を断ってしまったとき、僕はこんなツイートをした。

以前、Z会というバリバリ受験業界の会社に勤めてて、毎日受験生のための教材（数学の）を作ってたんですが、会社やめてからはその反動でか、受験という文字をみても「くそどうでもええがな」としか思えなくなった。会社での嫌な思い出と受験とを勝手に重ねてしまい、この受験生には申し訳なかった。

この本のなかで僕がかつて勤めていた教育系の会社の名前は伏せていたのだけれど、自分のツイートで思いっきりバラしていた。それはさておき、このツイートを受けて、「レンタルなんもしない人」のフォロワーが代わりにその受験生を励ましてくれたのだ。

いってみれば、これは自分もステージに上がりたいという人がいて、それを僕が「ダメだ」と断ってしまったけれど、観客席からは温かい拍手が送られたような格好なんじゃないか。いや、改めて本当に申し訳ないことをしたと思っているのだけれど。あるいは、第1章で例示した「一般参賀に同行してほしい」という依頼を3件断ったら、断られた人同士で一般参賀に行ったというのも、観客席で出会った人と一緒に出かけるような感じなのだと思う。

　他方で、ステージに上がった依頼者にがっかりされるパターンはないのかというと、幸いにも、というか少なくとも僕自身の耳にはあまりそういう声は入ってこない。それは期待値を下げることに成功しているともいえるが、やはり最近はフォロワーもポジティブな口コミも増えた結果、また期待値が上がってしまっているような感覚はある。そう考えると、じつはがっかりしている人も多いのかもしれない。

　ちょっと前に「町歩きに同行してほしい」という依頼で5時間くらい都内某所を依頼者と二人で歩いたとき、依頼者はわりと口数の少ない人であまり会話が発生しなかったことがある。しかも、僕は基本的に相槌しか打たないうえに、当日は体調を崩していて、その相槌の量も普段の7割程度だった。その依頼者は「5時間も一緒にいたのにあまり話すことがなくて悲しい」と冗談めかしていたのだけれど、いま思えばそれは「がっかり」という気持ちといって差し支えないだろう。

「レンタルなんもしない人」に依頼した人はみんな「楽しかった」といってくれるし、ステージ上はなんだか盛り上がっているように見える。そういう「場」に対する期待値は、僕が思っている以上に上がっているのかもしれない。かといって、つまらないツイートばかりしてリツイートもいいねもリプライもつかなくなったら本末転倒なので、なかなか難しいところではある。

まあ、あれこれ考えたところで、「レンタルなんもしない人」のスペックがゼロであることはこれからも変わらないし、積極的に会話を盛り上げていくこともしないというか、そもそもできない。逆に「なんかすること」、もっといえば「なんかしすぎること」の弊害のほうがきっと大きい。という思いが、最近は強くなっている。

✎こないだホストクラブからの依頼でホストをやらされたとき、注意事項として女の子（お客さん）の「仕事」と「容姿」にはあまり触れないようにと言われたんですが、「今日お仕事お休みですか？」とか「すごい細いですけどちゃんと食べてますか？」とか聞いてくる美容師とかにも言ってほしいと思ったな。

こういう美容師は、「隠れたニーズを引き出す」だとか「お客様のライフスタイルに合わせたトータルソリューション」だとか余計なことをしてそうだ。あるいは「ビジネスメールは一往復半で終わらせる」とかもそうだ。要は、最初に自分が送信して、相手から返信が来たら、それに対して「ありがとうございます」でもなんでもいいから必ず最後は自分の返信で終わらすのが礼儀というやつだ。一往復で用件が済むならそれでいいじゃないか。

とにかく、僕がサービスを受けるときに感じるのは、サービスを差別化するときに「しすぎる」方面に差別化しがちということだ。右記のツイートに絡めていえば、僕はある美容院で病院のカルテみたいなシートに自分の髪の悩みをいろいろと書かされたりしたこともあった。髪を切る以外に用はないのに。その切り方もダサくない程度にしてくれればいいのだ。でも、美容師に「前と同じ感じで」と伝えたら「飽きない？」とかいわれたりして、余計なお世話だよと思ってしまう。

　美容師は人の髪を扱う仕事だから、たぶん人生のなかで髪に比重を置いているのだと思う。しかしこちらとしては日常生活で髪のことは重視していないし、散髪は「1、2ヶ月に一度はやらなきゃいけないめんどくさいこと」ぐらいの認識でしかない。そのへんをわかってもらえたら、お互いにすごく楽になると思うのだけれど。

　といっても、僕はいまは美容院には行かずに、もっぱらQBハウスで髪を切ってもらっている。安いからといって別にそんな変なことにはならないし（向こうもプロだ）、帽子もかぶるからそれでいいのだ。

「レンタルなんもしない人」はスペックゼロを自認している。それは僕自身が会社員時代に上司から「会社にいてもいなくても変わらない」とか「生きてるのか死んでるのかわからない」とよく嫌味《いやみ》をいわれたし、その上司は僕のいる部署のことを「常時欠員状態」と呼んでいたこととも無関係ではない。

当時の僕に期待されたスペックとは、端的にいえば与えられた仕事を効率よくこなす能力だろう。第1章でも触れたが、僕は大学院を卒業したのち、通信教育サービスや教材の出版などをしている会社（というかZ会）に就職し、主に教材の編集をしていた。ちょうどそのころ、社内のテンションが妙に高まっていたのだ。

教材製作という仕事は普段は毎年ルーチン業務で、前年のものを流用することが多かったのだが、そのときは学習指導要領かなにかが大幅に変わるタイミングで、教材も一新されることが決まっていた。そこで社員に求められるのは単純な編集能力ではなくて、教材をリニューアルするにあたりより学習効果が高められそうな誌面づくりなどのアイデアを出すことだった。そのためにいわゆる編集会議のような場が定期的に設けられ、個人プレーよりもチームプレーが優先されるようになった。つまり社員同士でアイデアを出し合い、上司にプレゼンするという、企画力とコミュニケーション能力が求められるようになったわけだ。

人によってはそういうクリエイティブな感じの仕事のほうが輝く人もいるかもしれないが、僕は一人で黙々と作業するタイプだったため、傍目《はため》には余計になにもしていないように見えただろう。だから「そんな単純作業は外注しろ」とか「社員にしかできない高度なアイデア出しとか、創造的なことをやれ」といわれたのだが、残念ながらなに一つ会社の役に立つようなアイデアは出てこなかった。

そんな僕が創造性を放棄し「なんもしない人」としての人生を歩みはじめた途端、完全に受け身の姿勢ではあるものの、いろんな依頼者からのいろんなアイデアと創造性にまみれた毎日を送っているというのもなかなかに面白い。

それでは、僕の将来はいったいどうなるのだろうか。

現時点でいえることは少なく、僕は「レンタルなんもしない人」によって、この先も「なんもしないで生きていきたい」という望みを叶え続けられるかどうかはわからない。

とはいえ一般論なら、人間一人だけだったらなんもしないで生きていける。その実感はめちゃくちゃあるというか、そう確信しているといってもいい。「レンタルなんもしない人」にごはんをおごってくれる人はたくさんいるし、寝る場所を提供してくれる人も一瞬で見つかるからだ。つい最近も依頼で大阪に行くことになった際、ツイッターで「宿泊を伴う依頼があれば歓迎です」とつぶやいたらすぐに泊めてくれる人が現れた。極論すれば、食べるものと寝る場所が確保できれば人は生きていける。

しかし、僕には家族がいるし、自分から家族を手放すなんてことは絶対にできない（追い出されたらそれはしょうがないけれども）。まだ子供の学費のことまで考えずに済んでいる段階ではあるものの、貯金もいつかは底を突くし、将来的に一家族分の生活を支えるための方策は必要になってくる。そこで、ほとんど妄想レベルの笑い話になってしまうかもしれないけれど、仮に「レンタルなんもしない家族」というものが成立するなら、家族ごとなんもしないで生きていけるのではないか。子供の教育上うんぬんみたいな話はひとまず置いておいて。

もちろん「レンタルなんもしない人」と比べればその需要は格段に減ると思う。でも、たとえば「家族同伴の長期出張で1年ほど家を空けるので、そのあいだ代わりに住んでてもらえますか？」みたいな依頼があれば住む場所は確保できるんじゃないか。そんな可能性を、最近は少しだけ考えている。

僕は第1章で、「レンタルなんもしない人」を始めようと思ったきっかけとして、心屋仁之助さんが提唱されていた「存在給」という概念を挙げた。それとは別に、遠因というか、気持ち的にふわっと影響を受けていたかもしれないと思うのが、生まれたばかりの自分の子供だった。

赤ちゃんは有能なわけがなく、スペックはゼロ。自分はなんもしないでも、親をはじめとする周りの人たちにかわいがられ、世話をしてもらうことで生きていける。そんな赤ちゃんを見ていて「いいな」と思った。そして「世の中の人たちみんなが赤ちゃんみたいに振る舞っていても生きていけるようになればいいのに」という気持ちが芽生えたのだ。

一般的には、そんな考えは少なくとも成人する前に捨てておかなければならないだろう。でも、僕の場合は、その発想が「レンタルなんもしない人」を生む土壌にとっての肥やしみたいなものになっていたんじゃないかと思う。すごく大げさにいえば、思想ということになるかもしれない。

とにかく赤ちゃんは、笑っているときはもちろん、怒っているときも、泣き喚《わめ》いているときでさえかわいい。なにかをしているときも、なにもしていないときもかわいい。それでいて、赤ちゃんは別に人から「かわいい」と思われたいわけではなくて、ただ自分の好きなように、自由にやりたいことをやっている。それで世の中が回れば最高だなと。要は自分だけじゃなくて、みんなが好き勝手に生きても平気な世の中になったらいいと思っている。

いま「自分だけじゃなくて、みんなが」といってしまったことに若干の後悔が生まれているというか、そこが偽善的に、あるいはかっこつけに見えるんじゃないかと少し心配している。客観的に考えて、みんなが一所懸命に働いているなかで自分だけ楽をしたいというのが自然な気がするし、そう宣言するのが正直な感じがしたからだ。でも、僕としては「みんなが好きに生きてるんだから、僕も……」みたいな流れのほうが乗りやすい。そういう意味での「みんな」ということにしておいてほしい。

なんだか話が大きくなりすぎた気もするけれど、わりと本気だ。赤ちゃんはかわいいだけでなく、自分の好きなことも嫌いなこともはっきりしている。嫌いな食べ物を口に入れられたらノーモーションで吐き出すし、素晴らしくロックしてると思う。そんな完璧にかわいくてロックな赤ちゃんが、僕ら大人の価値観に押し込められて、成長する過程でかわいくもロックでもなくなってしまうのが残念でしかたない。だったら、大人こそ好きに生きていいんじゃないだろうか。

〈おわりに〉にかえて

お疲れ様です。再校の件、デザイナー田村さんへ本日遅くならないうちに修正依頼、お戻しできたらと思っています。昨晩メールにてお送りした箇所につきまして、yes or no，ご返事頂ければ大変助かります。「はじめに」「おわりに」は、後送でも結構です。宜しくお願い申し上げます。

昨日 17:14

基本全部YES、ただ、借金滞納の依頼を削るよりも、「おわりに」を削りたいです。あれは期限に追われて満足いくものが書けた気がしないので。バッサリカットしたいです。それが難しければYESです。

昨日 17:26 ✓

はじめにとかおわりにって何のためにあるんでしょうか…？もうすでに書いた時点の気持ちではなくなっているのですが、、

昨日 17:35 ✓

「はじめに」「おわりに」ですが、個人的には「離陸」「着陸」みたいな役割だと思っています。本を開いて他人の世界に読者が入る時、馴染みにくさを柔らげ、少しずつ段階を追っていくような感じです。〈略〉私自身は読者として、あとがきなど割と楽しみに読むことが多いので、バッサリカットは少し寂しくもあります。

1）バッサリではなく、ある程度残すことを目指して部分的にカット
2）4/18入稿予定ゆえ、4/15（月）までにあらためてご用意いただく

この2案でどちらか軟着陸ができればと思いますが、いかがでしょうか…。

昨日 18:45

ご返事ありがとうございます。理解はできるのですが、やはり自分を起点にして自分で文章を書くというのは、とってもいまさらですが、スタンスとの齟齬を強く感じ始めていて、とても苦しい状況です。ひとまず気持ちだけお伝えします。

昨日 19:24 ✓

お気持ち、承知しました。あとがきを丸々削ってナシのママにするか、あるいは「あとがきは書いたけれどやっぱりスタンスの齟齬があって削りました」と一文入れるか、明日またご相談させてください。ご意向に沿いつつ、少し楽しい案が浮かぶとよいです。お考えお伝えくださりありがとうございます。

昨日 19:31

たびたびすみません、文章はナシだけど、絵ならアリ、とかはアリでしょうか…？
この件もまた明日…！
それでは1日、お疲れ様でした。

昨日 20:58

僕以外の人がやることならなんでもアリです
はい、詳しくはまた明日で…！

昨日 20:59 ✓

END

著者略歴

レンタルなんもしない人

1983年生まれ。大阪大学大学院理学研究科宇宙地球科学専攻修了。出版社勤務を経てフリーランスのライターに。現在は「レンタルなんもしない人」の活動に携わる。既刊に『レンタルなんもしない人のなんもしなかった話』（晶文社）。ほか、「週刊モーニング」（講談社）誌で活動を描いた連載「レンタルなんもしない人」（漫画・プクプク）などがある。

取材・構成　須藤輝
撮影　高見知香
編集協力　宗円明子

〈レンタルなんもしない人〉というサービスをはじめます。

スペックゼロでお金と仕事と人間関係をめぐって考えたこと

2019年5月30日　初版発行
2020年4月30日　4刷発行

著者　レンタルなんもしない人
装丁・本文組版　田村奈緒
装画　fancomi
発行者　小野寺優
発行所　株式会社河出書房新社
〒一五一－〇〇五一
東京都渋谷区千駄ヶ谷二－三二－二
電話　〇三－三四〇四－一二〇一（営業）
〇三－三四〇四－八六一一（編集）
http://www.kawade.co.jp/

印刷・製本　図書印刷株式会社

Printed in Japan　ISBN978-4-309-02802-6

河出書房新社の本

出会い系サイトで70人と実際に会ってその人に合いそうな本をすすめまくった1年間のこと

花田菜々子 著

夫に別れを告げ家を飛び出し、どん底人生まっしぐらの書店員・菜々子。ある日目についた出会い系サイト「X」に登録、初対面の人にぴったりの本をおすすめし始めて……衝撃の実録私小説！

ツァラトゥストラかく語りき

フリードリヒ・ニーチェ 著／佐々木中 訳

あかるく澄み切った日本語による正確無比な翻訳で、いま、ツァラトゥストラが蘇る。もっとも信頼に足る原典からの文庫完全新訳。読みやすく、しかもこれ以上なく哲学的に厳密な、ニーチェ。

台風一過

植本一子 著

壮絶な闘病生活の果てに、夫でラッパーのＥＣＤが亡くなった。激変する暮らしの先で、残された家族に待ち受けていた未来とは……。気鋭の写真家が新しい家族のかたちを模索する懸命なるドキュメント。

なんのための仕事？

西村佳哲 著

私たちが生きてゆくために、本当に必要なものは何だろう。お金？　仕事？　どちらも手段にすぎず、求めているのは〝関係〟なのではないか――働き方研究家の著者が考える〝仕事のあり方〟。